中央国家机关

“强素质 作表率”读书活动
主题讲坛周年读本 1

本书编委会 编

中国书籍出版社

图书在版编目（CIP）数据

中央国家机关"强素质，作表率"读书活动主题讲坛周年读本（1）／本书编委会编．—北京：中国书籍出版社，2010.4

ISBN 978－7－5068－1839－1

Ⅰ.①中… Ⅱ.①本… Ⅲ.①社会科学—文集
Ⅳ.①C53

中国版本图书馆 CIP 数据核字（2010）第 055282 号

责任编辑／武　斌　牛　超
责任印制／孙马飞　马　芝
视觉设计／耕者设计室
出版发行／中国书籍出版社
　　地　　址：北京市丰台区三路居路 97 号（邮编：100073）
　　电　　话：(010)52257142(总编室)　(010)52257154(发行部)
　　电子邮箱：chinabp@ vip. sina. com
经　　销／全国新华书店
印　　刷／三河市李旗庄少明印装厂
开　　本／787 毫米×1092 毫米　1/16
印　　张／14.75
字　　数／169 千字
版　　次／2010 年 4 月第 1 版　2014 年 11 月第 4 次印刷
定　　价／29.00 元

出版前言

阅读是一件庄重的事情，它是汲取知识的必要手段，是获得智慧的可靠方法，是创造发明的不竭源泉；阅读也是一件美好的事情，它可以愉悦人的身心，陶冶人的情操，净化人的灵魂。好读书，读好书，无疑是一种健康、积极的行为习惯，是一种文明、理性的生存方式。阅读的强大功能和显赫意义已经为历史所反复证明。我们看到，正是一代代热爱读书的人们筑造了绵延不绝的文化长廊，他们既是文化薪火的传承者，也是文化创造的主力军；我们还看到，那些热爱读书的民族常常占据着历史的制高点，用自己的智慧、思想和精神旨趣牵引着文明的方向。古往今来，无数的思想家、文学家和科学家，曾用各种不同的语言和方式，赞颂过书籍的永恒价值，阐发过阅读行为的非凡意义，在我们心中留下了不可磨灭的印记。

今天，阅读的价值和意义更加显著，其中的缘由是清晰而明朗的。在知识爆炸、信息海量的当代社会，在一个环境变动剧烈、生活负担沉重、心理危机重重的生存空间里，一个人若想获得充足的知识储备，具备足够的生存能力，保持心灵平静，从容应对人生，唯有更多地依赖阅读和学习。而在知识经济主导社会发展前景的世界上，一个国家，一个民族要想获得强劲的发展动力，要想具备强大的综合实力，就必须将更多的资源投入教育、阅读和学习，以全面提升国民素质，有效增强创新能力。近年来，党和政府高度重视阅读活动的意义，反复强调读书学习的重要性，倡导学习型政党建设，大力推进全民阅读，号召大家多读书，读好书，其着眼点正是对国家可持续发展的战略考量，体现的是一种强烈的使命感、危机意识和进取精神。

于 2009 年 4 月 21 日正式启动的中央国家机关“强素质，作表率”读书活动，即是为响应党中央号召、推进学习型党组织建设而举办的一项学习活动。该项活动由中央国家机关工委和新闻出版总署联合举办，中国出版科学研究所承办，人民出版社、新闻出版报社等单位协办，旨在通过定期推荐书目、举办读书讲坛、邀请名家导读、开展读书交流等形式，服务并引导中央国家机关党员干部认真读书学习、开阔文化视野、全面增强素质，进而有效服务科学发展、增强改革创新能力，并大力促进全民阅读活动的持续、深入开展。

该项读书活动的核心内容，是每月一次的主题讲坛。在过去的一年里，在书香飘逸的京城四季，来自国内各个领域的顶尖专家学者、作家、艺术家，已经为我们奉献了十一场精彩的讲座。他们从政治、经济、历史、文化、科学、艺术等不同侧面，讲述自己的最新研究成果，介绍重要的学术理论，传达真切的心灵感悟。在两个多小时的时间里，他们以饱满的热情、恰当的节奏、凝练的语言为我们释疑解惑，指点迷津，带给现场听众超值的精神享受，也唤起广大爱书人热切的期待。按照读书活动的总体要求，讲坛主题大都出自演讲者自己的著述，内容是相关作品的高度概括和有机延伸，由此讲坛也便成为引导大家进一步阅读的生动指南，直接带动了中央国家机关干部的读书学习。

回顾已经举办的十一次主题讲坛，主讲嘉宾的风度神采历历在目，他们的见解、睿智和情怀令人难忘。

——中央文献研究室副主任、著名毛泽东研究专家陈晋，把《毛泽东的读书生涯和政治实践》讲得透彻而灵动，令人对领袖的伟大情怀充满敬仰和向往。曾担任解放军艺术学院副院长的朱向前教授，则对毛泽东的诗词作了独特的历史解读，从另一个侧面让我们对领袖的博大襟怀有了深切的认知；

——来自中央党校的经济学家王东京教授主讲《金融危机之启思》，用通俗的语言和生动的实例，透彻地分析了金融危机的背景、实质及对中国经济的影响，让人大开眼界；

——中国社会科学院副院长朱佳木以亲历者的身份讲述《我所知道的十一届三中全会》，把我们带回到30年前那些决定国家前途命运的庄严时刻，让我们深深地体会到历史演进的艰难曲折和惊心动魄；

——香港城市大学原校长、著名生物学家张信刚教授儒雅谦和，他从容淡定地伫立于讲台上，用简洁、明快的语言和内容丰富的多媒体演示，将丝绸之路上中外文化交流的恢宏场景淋漓尽致地展示出来，在听众心底激荡起“爱我中华”的阵阵涟漪；

——由唐浩明主讲《曾国藩与传统文化》，熊召政主讲《张居正与万历新政》，无疑都是最佳人选，不仅因为他们曾经成功地创作过相关的文学作品，更在于他们能跳出小说家的叙事模式，从历史文化的宏阔视角，揭示中国传统思想、道德、人格的现代意义，让人体味到那些支撑中华文明的内在力量；

——著名作家王蒙主讲的题目是"老庄的治国理政思想"，这是一个宏大而深刻的主题，蕴含了太多的历史玄机和现实关照，作为一个文学大家，也作为一个历经坎坷、阅历丰富的思想者，王蒙在有限的时间里，以"无为而无不为"作为主轴，以诙谐幽默的语言娓娓道来，给我们生动地诠释了古老政治文化的精妙与深奥，也使我们加深了对一些现代话语的理解和体认；

——军旅作家王树增的激情演讲《革命战争与革命英雄主义》，站在历史的制高点，俯瞰现代中国社会的风卷云舒，阐释革命战争与革命英雄主义的真谛，用充满艺术感染力的细节描述，让人感受到精神信仰的巨大力量；他还以自己特有的铿锵话语传达出许多坚定的观点，令人难以忘怀；

——北大哲学系教授、科学史专家吴国盛才华横溢，精思深研，仅用两个多小时的时间，就把 20 世纪百年科技发展的历程刻画得一清二楚，其对科学技术功能、意义的反思深邃而尖锐，给人带来强烈的思想震撼；

——享誉世界的作曲家、中央音乐学院副院长叶小钢主讲《音乐——人类诗意栖息的一种方式》，以他的才华、灵气和激情带领听众遨游于音乐的神奇世界，让人在艺术的时空中感受到了无尽的美妙和诗意。

这些高水平的、精彩纷呈的讲座给现场听众留下的无疑是美好的记忆，是奇妙的精神享受。而错过这样的讲座，则不能不说是一种遗憾。在“强素质，作表率”读书活动举办过程中，许多机关干部因为不能到现场聆听讲座而深感失望。作为弥补遗憾的一种方式，我们在每一次主题讲坛结束后，都对演讲稿进行了认真整理，并制作成讲座笔记，以广流传。这一做法受到大家的热烈欢迎。许多错过讲坛的同志通过讲座笔记了解到讲坛的内容，所以他们视讲座笔记为珍贵的文化礼物，不仅认真阅读，而且乐于收藏，成为“强素质，作表率”读书活动中的动人情节。但遗憾依然存在，因为随着读书活动影响力的扩大，知名度的提高，越来越多的人希望获得听讲和学习的机会，可现场空间有限，一票难求，讲座笔记也不能满足中央国家机关全体人员的需求。

为了从根本上满足中央国家机关党员干部的阅读需要，也为了让更多的爱书人能够分享读书活动主题讲坛的精彩内容，值此读书活动举办一周年之际，我们将全部讲稿结集成书，以周年读本的形式正式出版。希望我们的这一举动能够得到大家的认可，并能给大家的读书学习提供有效的帮助，给社会增添一丝淡淡的书香，让读者拥有丰富而实在的收获。也希望通过这个读本的流布、传播，让“强素质，作表率”读书活动充分发挥其引领和示范作用，推动全民阅读活动取得更加显著的成效。

最后需要特别说明一点：为了让广大读者能够从书本中感受到主题讲坛现场的气氛，我们只对演讲记录稿作了必要的文字加工，保留了原有的口语形式和个人化风格。

本书编委会
2010 年 4 月

目录

主讲人：陈　晋

陈晋，中共中央文献研究室副主任、研究员，中共中央文献研究会副会长，中国毛泽东诗词研究会副会长，全国毛泽东文艺思想研究会副会长。多年来从事毛泽东和中共党史文献研究以及电影、电视文献片撰稿，著作和影视作品多次获中国图书奖、全国五个一工程奖、电视金鹰奖、电影华表奖。

毛泽东的读书生涯和政治实践

毛泽东的读书生涯和政治实践

一、毛泽东作为"读书人"的形象

提出毛泽东作为"读书人"的形象，不是要淡化毛泽东作为伟大的革命家、战略家、理论家的历史定位，而是说，在古今中外的革命家、军事家、政治家中，像毛泽东这样酷爱读书、读有所得、得而能用、用而生巧的人，确实非常罕见。对毛泽东来说，读书不是一种可有可无的选择，不是简单靠兴趣支配的选择，甚至也不只是为了工作的需要，而是他的一种精神存在和思想提升的必要方式，是一种基本的生活常态，是一种"别无选择"的选择。

我接触到的不少朋友，都很难理解，毛泽东治党、治国、治军的实践是那样精彩，在内政、外交、国防各方面的活动是那样的丰富，他的行动能力是那样的突出，但他读的书，却并不一定比一些终生治学的人少，甚至比一些学问家还要多。人们很难相信，这却是事实。

我们可以从以下几个方面来说明这个问题。

第一，读书广博而偏深

毛泽东住在中南海颐年堂里面的一个院子，叫菊香书屋。他逝世后，保存在菊香书屋的书，有9万多册。不能说所有的藏书他都读过，但这些书是他进城后逐步积累起来的，用得上的，其中有不少书籍上留下他的批注和圈画。而毛泽东读而未藏的书籍，或读过藏过但后来丢失的书籍，就更不知几何了。总的说来，毛泽东的阅读范围，可以概括为马克思主义、哲学、自然科学、社会政治、经济、军事、历史、文学、书法、报纸杂志、丛书工具书，共11大类。

以上是毛泽东读书之广博。所谓偏深，就是除了常用的马列经典和文史哲方面有代表性的著述外，毛泽东还有兴趣读一些在特定环境中流传不广的书，并注意其中一些细琐的观点。例如，长征刚到陕北，他就同斯诺谈到了英国科幻作家威尔斯（H. G. Wells）的作品，后者写有《星际大战》、《月球上的第一批人》。他曾经细读过苏联威廉斯的《土壤学》，多次在一些会议上谈论书中的一些观点。读《徐霞客游记》，他注意到书中提出长江的发源，是“金沙江导江”，而不是传统说的“岷山导江”。读周汝昌的《红楼梦新证》，他细细圈画其中关于“胭脂米”的一段考证文字。中央文献研究室在编辑和整理毛泽东的著作和谈话时，对一些引文做注释，需要查很多书，有的就很难查到出处。例如，编《毛泽东文艺论集》时，对毛泽东提到徐志摩说"诗要如银针之响于幽谷"这句话，就没有查到原始出处。毛泽东经常讲拿破仑说过一支笔可以抵得上三千毛瑟兵，还写进了给丁玲的诗："纤笔一支谁与似，三千毛瑟精兵"。中央文献研究室的同志问了许多专家，都没有弄清楚出处。还有一个例子，1972年发生九一三事件，林彪乘飞机外逃，有关人员问毛泽东怎么办，毛泽东说："天要下雨，娘要嫁人，由他去吧。"这句话肯定是一个俗语，但这个俗语出自哪里，一直找不到。这些年才知道，出自清朝嘉庆年间一个叫张南庄的人写的一本讲鬼故事的滑稽章回小说，叫《何典》。毛泽东最晚是在 1941 年就读了《何典》，那时他曾托人为远在莫斯科的两个儿子从中国带去一些书，其中就有《何典》。毛泽东晚年在一次会议上讲过："药医不死病，死病无药医。"是说吃药只能医那些不会死的病，注定要死的病，药是治不了的。他用这句话比喻像花岗岩一样的人，怎么做思想工作都是做不通的。这句话也是来自《何典》。

第二，活到老、读到老

毛泽东在延安的时候说过一句话："如果再过 10 年我就死了，那么我就一定要学习 9 年零 359 天。"讲这个话是希望领导干部们抓紧时间读书学习，毛泽东自己确实做到了这一点。1975

年他 82 岁了，眼睛不好，还专门请一位大学老师给他读书。我们知道，他是 1976 年 9 月 9 日零时 10 分逝世的，根据当时的记录，9 月 8 日那天，他全身都插满了管子，时而昏迷，时而清醒，清醒过来就看书、看文件，共 11 次，2 小时 50 分钟。这当中，他已说不出话来，敲了三下木制床头，工作人员开始不知道他要看什么，有人想到，当时日本正在大选，毛泽东或许是要看自民党总裁、日本首相三木武夫的材料，就用手托着三木的材料给他看。最后一次看文件是下午 4 时 37 分，此后再也没有醒过来，7 个多小时后便逝世了。这样的情况很感人，可以说已经不是活到老，读到老，而是读到死。

第三，真读真学，不是做样子

毛泽东读书，是发自内心的对知识、对真理的一种渴望。有这种渴望，才可能用心用脑去真读、真学、真思考。什么叫真读真学？具体表现在这么几个方面。

一是经典的和重要的书反复读。毛泽东曾对人说，他在写《新民主主义论》的时候，读了十几遍《共产党宣言》，为了学英文，他找来中文版和英文版的《共产党宣言》对照起来，在一本英文版的《共产党宣言》上还留有他的批注。列宁的《国家与革命》是他经常阅读的。《资本论》很难读，但毛泽东读《资本论》留下的批画有四个时间，说明他起码在四个时间段里读过《资本论》，当然不一定是全读。在 50 年代初，毛泽东对人说，

《红楼梦》他已经至少读了5遍，此后他也读过，还让人从北京图书馆手抄过一部胡适收藏的《石头记》。

一是相同的题材内容，毛泽东习惯把不同的甚至是观点相反的版本对照起来读。例如，他读美国历史，就让人到北京图书馆、北大图书馆去借，还专门写条子说，不光要马克思主义学者写的，也要有资产阶级学者写的。关于《拿破仑传》、《楚辞》，他都找来不同人写的和不同人注释的版本来读，《楚辞》曾经要了十几种版本对照起来读。1957年，他对领导干部讲：要读蒋介石的书这些反面的东西，我们有些共产党员、共产党的知识分子的缺点，恰恰是对于反面的东西知道得太少。读了几本马克思的书，就那么照着讲，比较单调。讲话，写文章，缺乏说服力。

一是除了写读书批注外，毛泽东注重讨论式地阅读。他不光是自己闷头读，读完以后常常和别人讨论，有时是边读边议。比如，延安时他专门组织了德国军事家克劳塞维茨的《战争论》读书小组，每天晚上读10多页，然后各自谈看法。1959年底还组织读书小组专门到杭州研读苏联的《政治经济学（教科书）》，读了两个月，议出了许多好的思想。把社会主义分为不发达的社会主义和比较发达的社会主义两个历史阶段，就是毛泽东在这次阅读中提出来的，这是我们80年代提出"社会主义初级阶段"这个概念的认识源头。参加这个读书小组的同志后来根据毛泽东的谈话记录，印了两卷本的《毛泽东读社会主义政治经济学批注和谈话》。

二、毛泽东读书历程

毛泽东早年有个外号叫毛奇。关于这个外号的来历，一说是因为他崇拜当时的德国元帅毛奇，一说是他常讲读书要为天下奇，即读奇书，交奇友，创奇事，做奇男子。按后一种说法，毛泽东是把读奇书当作成为奇男子的第一个条件。

早年毛泽东读书的目的，先是说为了“修学储能”，然后说要寻求“大本大源”，最后是要找“主义”。概括起来，对他影响比较大的书有四类。

第一类是传统的文史典籍。他深厚的国学功底就是靠这时候打下的。在传统的文史典籍中，他偏好以王夫之、顾炎武为代表的明清实学和晚清湖湘学派的著述，诸如顾炎武的《日知录》、曾国藩的《经史百家杂钞》以及他的老师杨昌济的《论语类钞》等等。这类书在立志、修身、处世方面很有用。第二类是近代以来介绍西方的著作，比如郑观应的《盛世危言》、赫胥黎的《天演论》、斯宾塞的《群学（社会学）肄言》以及卢梭、亚当·斯密等人的著作。阅读这些书使毛泽东能够跳出中国传统思维来看世界。第三类是新文化运动开始后，国内学者传播新思潮方面的书，特别是李大钊、陈独秀、胡适等人的著述。第四类是《共产党宣言》等马克思主义书籍。

五四时期，一批知识分子传播马克思主义，参加建党的人都是一色的知识分子。以毛泽东、周恩来、任弼时、张闻天等为代表的五四运动的精神产儿也是知识分子，换句话说都是读书人。他们对各种理论思潮做了认真的比较，最后选择和确立了自己的信仰，信仰一经确立，就为它献身，一直干到底，这种现象值得我们思考，从中也可看出那一代人真读真学、追求真理的精神风尚。

大革命和土地革命时期，毛泽东作为宣传家和实践家，感到精神非常“饥渴”，其读书主要是为了实践的需要。特别是大革命失败后，主要在偏远农村开辟根据地，领兵打仗，环境变了，常常是无书可读，很苦闷。这与青年时代“读书”，建党前后办文化书社“卖书”，大革命时期“编书”，形成强烈反差。于是，他给当时上海的党中央写信说，无论如何给他搞一些书，还开了一批书单，说“我知识饥荒到十分”，“我们望得书报如饥如渴，务请勿以小事弃置”。可惜毛泽东开的书单没有保存下来，他当时想读哪些书不得而知。不过，在一封信中他曾经点名要斯大林的《列宁主义概论》和瞿秋白的《俄国革命运动史》。1932 年，他带领红军打下福建漳州时搞了一批书，其中有列宁的《两种策略》和《“左派”幼稚病》。读完第一本推荐给彭德怀看，写信说此书要在大革命时候读着，就不会犯错误。读完第二本毛泽东又推荐给彭德怀看，写信说，“左”与“右”同样有危害性。在艰苦的环境中，为了做到思想上的清醒，毛泽东是多么渴望读到有用的书，读书致用非常明确。

延安时期，是毛泽东读书的一个高峰期。他以异乎寻常的热情和精力来读书并提倡读书。他以前没有时间写日记，唯独到了延安以后开始写日记。为什么写日记？日记的开头说："20 年没有写过日记了，今天起再来开始，为了督促自己研究一点学问。"他的日记事实上是读书日记，记录了哪天读了哪本书，读了多少页。从这个日记看，1938 年 2、3 月间他读了李达的 850 多页的《社会学大纲》，还有克劳塞维茨的《战争论》和潘梓年的《逻辑与逻辑学》等等。梁漱溟访问延安时，毛泽东读了他的《乡村运动理论》，写了不少批注，还花好几个晚上同他讨论。

毛泽东当时为什么特别提倡在党内要形成读书学习的风气？一个重要原因是，总结历史、分析现实急迫需要理论，但党内理论素养准备不足，这是亟待克服的矛盾。解决这个矛盾的最好办法，就是读书学习。从思想方法角度讲，毛泽东在延安时期的阅读和理论创造，确立了毛泽东此后看待实践、分析问题的两个最根本的方法和一个根本主张。所谓"两个根本方法"，一个是实事求是，一个是对立统一。所谓"一个根本主张"，就是马克思主义中国化。

中国共产党历来重视科学理论的指导。要被全党接受成为领袖，光会打仗不行，还要有理论创造。土地革命时期，王明、博古这些人在党内占据领导位置，一个重要原因是他们在理论方面说得一套一套的，对马克思主义的"本本"掌握得比较多，但他们脱离中国革命的实际。中国革命的实际迫切需要上升到理论上的创造，形成中国化的马克思主义理论。正是在延安时期，毛泽东在丰富的实践基础上，通过真读真学，在哲学上写出《矛盾论》、《实践论》，军事上写出《论持久战》等，政治上写出《新民主主义论》，文化上还有《在延安文艺座谈会上的讲话》。这些理论创造，全党上下都服气。正是在延安的窑洞里，他完成了从军事领袖到政治领袖、从政治领袖到理论权威这两大跨越。陈云1941年在中央书记处工作会上说："过去我认为毛泽东在军事上很行。毛泽东写出《论持久战》以后，我了解到毛泽东在政治上也是很行的。"任弼时1943年在中央高级学习组上说，1931年他到中央苏区，认为毛泽东"有独特见解、有才干"，但"在思想上'存在着狭隘经验论，没有马列主义理论'"，"读了毛泽东的《论持久战》、《新民主主义论》和《中国革命战争的战略问题》……认识到他的一贯正确是由于坚定的立场和正确的思想方法"。

新中国成立后，毛泽东读书更多更杂。这里只讲讲他晚年读文史古籍的情况。从1972年开始，他先后开列有86篇作品，让人印成大字本，供中央一些领导人读，他自己当然是细读圈画了。这些作品涉及史传、政论、诗词曲赋。按时间划分，从1972年到1973年7月读的主要是历史传记；1973年8月到1974年7月读的主要是历史上的法家著作，包括韩非子、柳宗元、王安石等人的著作；1974年5月到1975年6月，主要是一些诗词曲赋。这些，都与当时的政治背景有关，与毛泽东晚年的复杂心态有关。读诗词曲赋的时候，政治、社会，理想、现实，壮志、暮年，往往能在他的感情世界掀起巨大的波澜，从中寻求心志的勉励和抚慰。他晚年反复读庾信的《枯树赋》，还考证一些词句的意思，比较各种注解，读到"树尤如此，人何以堪"这样一些句子时，年逾 80 岁的一代伟人禁不住泪水纵横。

三、编书、荐书和讲书：毛泽东习惯使用的领导方法和工作方法

编书、荐书、讲书，前提都是读书，而且是要精读之后才能去编去荐去讲，最终让别人让社会分享自己的读书心得。毛泽东是政治领袖，又是读书人，两种身份的结合，自然引出这一特殊的政治领导风格和工作方法，把书作为动员和宣传工具，作为理论创造和思想普及的工具。毛泽东始终相信，人们以各种方式所接触到的知识、理论、观点，有助于他们在实践行为上的选择，对现实社会改造十分重要。他更清楚，要培养高素质的领导干部，与其授人以鱼，不如“授人以渔”。读书学习，就是“授人以渔”。因此，需要解决什么现实问题或需要提倡什么精神气氛的时候，他总是开列出一些有现实针对性的书目让干部们去读，以便打通思想。甚至在一些会议上印发他选编的著作篇章，有时候还亲自在会议上逐一讲解。这是他比较鲜明的政治领导风格。

关于编书

编书就是根据某种需要择书而读。早在读师范的时候，毛泽东就曾开列 77 种经史子集给同学，认为是国学研究的必读书目。大革命时期，他曾担任国民党中央宣传部代部长，后来又专门从事农民运动，这期间他做的一项重要事情，就是编了两套书。一

套叫"国民运动丛书"，毛泽东亲自开列书目，还聘请当时在商务印书馆工作的文学家沈雁冰（茅盾）作编纂干事。此后又编了一套"农民运动丛刊"，计划出版52种，实际出版了26种。延安时期，毛泽东编的书就更多了。其中重要的是《六大以来》这部党的文献集，成为当时参加整风学习的高级干部的必读书，效果非常好。这个做法，开启了中国共产党文献编辑事业的先河。改革开放以后，中央文献研究室跟踪式地编选了《十一届三中全会以来》、《十二大以来》一直到《十六大以来》，成为辑纳党的方针政策的文献系列。1955年农业合作化时期，毛泽东又读了大量文稿，选编了一本90多万字的书，叫《中国农村的社会主义高潮》，写了一篇有名的序言，并为其中的104篇文章写了按语。这本书在当时被称为"农业合作化的百科全书"。除了编选一些政治书，毛泽东还编过一些看起来是闲书的东西给领导干部们读。例如，1958年3月成都中央工作会议期间，他编了一本《诗词若干首（唐宋人写的有关四川的一些诗和词）》，一本《诗词若干首（明朝人写的有关四川的一些诗）》，印发与会者。他讲："我们中央工作会议，不要一开会就说汇报，就说粮食产量怎么样，要务点虚，要务虚和务实结合，我们可以解决钢铁的问题、煤的问题，同时我们也要拿一点时间来谈谈哲学，谈谈文学，为什么不行呢?"意思是让会议的气氛活泼一些，思路开阔一些，思想解放一些，特别是在四川开会，让外地的干部多了解一下四川的情况，以扩展他们的知识领域。1961年，根据国际形势的需要，他指导社科院文学研究所所长何其芳从古代笔记小说中编选了一本《不怕鬼的故事》，细读之后还帮助修改了序言。

关于荐书

毛泽东荐书，是一种常态化的事情。一是在会议上公开向领导干部们推荐，目的是要倡导或纠正什么风气。一是私下里向一些个人荐书，用意更具体，往往是针对一些人的情况，希望他们能从所荐之书中有所领悟。这里只讲讲毛泽东晚年私下荐书的情况。李德生担任北京军区司令员时，毛泽东向他推荐顾祖禹的《读史方舆纪要》，说这是一部军事地理的参考书，可以先读有关华北部分。他还让许世友这位文化水平不高的将军读《红楼梦》，说许世友有些像汉初大将周勃，“厚重少文”。此前许世友觉得《红楼梦》没有什么好读的，那是“吊膀子”的书，毛泽东就对他说：“你要读《红楼梦》，读五遍你才有发言权。”回南京后，许世友让秘书抄成大字本给他读，据说直到去世也没有读完。1973 年，王洪文到中央工作后，毛泽东对他的表现不满意，就让他读《后汉书》里的一篇《刘盆子传》。因为是古文，王洪文读不懂，就让上海的朱永嘉给他讲。西汉末年，赤眉农民起义军要选一个人当皇帝，就从参加这支起义军的几十个刘氏后裔中，找出三个血统最近的来抽签，结果被一个叫刘盆子的放牛娃抽到了。刘盆子当皇帝后依然故我，不务正业，经常和一帮放牛娃嬉耍，终于没有出息失败下台。毛泽东让王洪文读《刘盆子传》，无非是提醒他，凭资历、能力，你不够格，你要有自知之明，千万不要学刘盆子，要注意学习，长进。传达出毛泽东对王洪文的担心。

关于讲书

如果说荐书是希望人们自己领会，给人讲书，则是直接向人宣达他的思想观点。1942 年整风学习期间，毛泽东在西北局高干会议上逐条讲解斯大林的《关于德国共产党的前途和布尔什维克化》。斯大林的这篇谈话提出了一个党要实现布尔什维克化，必须具备 12 个基本条件。毛泽东的讲解，是一次相当深入的党性党风教育。1958 年 11 月，他在郑州中央工作会议上讲解斯大林的《苏联社会主义经济》，意在让干部弄清商品生产和价值规律这些在大跃进和人民公社化运动中被丢弃的观点。1959 年 4 月，他在上海会议上讲解《明史·海瑞传》和《三国志》里的《郭嘉传》，目的是提倡领导干部讲真话、讲实话；做事情、订计划要“多谋善断，留有余地”。这些，也是为了改变在大跃进和人民公社化运动中暴露的一些干部的不良作风。1962 年 1 月，他在七千人大会上讲《史记》中记载的刘邦善于纳谏而取得胜利，项羽一意孤行而最终失败“别姬”，是要在党内倡导民主作风。1967 年在中央会议上讲解《战国策》中的《触詟说赵太后》一文，则是提醒领导干部在如何教育和锻炼下一代的问题上，要注意不能让子女“位尊而无功，俸厚而无劳”。

读书可以获取未知的知识，提升思想的境界。毛泽东把读书作为精神存在和思想提升的必要方式，表明未知的东西对他有一种极强的诱惑，要以有涯之生尽量包容、填充那未知的空间。读书对毛泽东来说，也是一种独特的心灵对话和思想交流。在对话交流中除了实现思想境界的提升外，还会实现一种只有读书人才乐于寻求和可能获得的心理期待、智慧愉悦和审美满足。其中感受，或许如鱼饮水，冷暖自知。

读书、编书、荐书和讲书，形成了毛泽东鲜明而独特的文化个性，从而散发出一种令人折服的文化气息和智慧力量。通过毛泽东的读书生涯，我们可以从一个角度了解他的智慧源流，了解他对前人和同时代人创造的思想、提供的知识、积累的经验，是如何吸收、扬弃和发展的。毛泽东留存世间的功业，多多少少也可以从他倘佯的书籍世界里找到一些伏线。也就是说，从毛泽东通过读书积累和营造的“胸中日月”，到他通过实践行动积累和创造的“人间天地”，是有迹可寻的。

当然，时代已经大大地向前发展了，毛泽东那时喜欢读的书和他强调必须读的书，以及他所发表的有关评论，我们很难一一地去遵循。讲读书之重要，体会毛泽东读书、编书、荐书、讲书的故事，也不能走向读书治国的误区或回复传统的“半部论语治天下”什么的。

但无论怎样讲，毛泽东结合实际的读书精神是永恒的。从毛泽东身上，我们能够感受到，对领导干部来说，读书学习是一种历史责任。

（本文根据陈晋 2009 年 5 月 23 日在中央国家机关“强素质，作表率”读书活动主题讲坛上的讲座内容整理）

主讲人：王东京

王东京，中共中央党校经济学部主任、教授、博士生导师，享受国务院特殊津贴专家。湖南安乡人，1991 年毕业于中国人民大学经济系，获博士学位。长期从事中国宏观经济政策研究，担任中央党校省部级干部班主讲教员。著有个人专著多种，在国内广大党政官员中引起强烈反响。

金融危机之启思

——金融危机与中国的应对

金融危机之启思

——金融危机与中国的应对

今天讲坛的主题是“金融危机之启思”，而我想围绕这个主题就“金融危机与中国的应对”谈一些意见，而且重点是谈中国如何应对这场危机。

我上月底从美国回来，在美国参加了一个国际会议，主题就是如何应对全球金融危机。这次金融危机，最早媒体称是美国发生了次贷危机，后来说是金融危机，再后来说是全球金融危机。已经两年多了，我想大家对金融危机的背景已经有所了解，用一句话说，就是美国资本市场的过度投机而政府放松了监管。可是，现在美国有人不这么看，他们倒打一耙，想把责任推给中国。这次在美国，我访问了美国贸易代表处，他们的官员就明确说，美国的金融危机是由于美中贸易逆差太大，原因是中国人太节俭与中国政府管制了汇率。这种说法当然很牵强，我们要据理力争。不过，我认为国际上不会有多少人相信，就是在美国，我想多数人也不会相信。

不过争论归争论，更严重的是，金融危机已经对中国产生了影响，去年我们倒闭的中小企业有6.7万家；有至少2000万的农民工下岗失业。所以现在我们最应该做的，不是去争论谁对金融危机负责，而是要抓紧研究如何应对危机的冲击。对这个问题，大家已经看到了，中央的态度很明确，即坚定不移地扩大内需。这里我想指出的是，扩大内需不是应对金融危机的权宜之计，而是今后我们必须长期坚持的方针。

一、转变发展战略，立足扩大内需

我有一个判断，不知各位怎么看，这两年我们的经济碰到了一些麻烦，我认为除了金融危机的影响，恐怕还与我们过去的发展战略定位有关。大家知道，近20多年来我们实施的是出口导向战略。这样，中国经济的对外依存度越来越高，国家统计局去年8月公布的数字，说对外依存度超60%。这个数字现在学界有质疑，但不管怎么说，中国经济过度依赖出口是事实。只要欧美市场有风吹草动，国内经济就下滑，这样与其受人牵制，倒不如调整发展战略，在扩大开放的同时，长期立足于扩大内需。

当然，我不是说过去的出口导向战略就错了。对任何一项政策，都应放到当时的历史背景下去评价。历史地看，出口导向战略为国家积累了外汇，壮大了国力，功不可没。其实，从国际范围看，所有战后迅速致富的国家，也都是靠出口导向战略起家的。1945 年的欧洲，弹痕累累、满目疮痍，重建家园需要从美国购置大量的设备，相应的资金从哪里来？马歇尔计划是个开端，但也仅仅是个开端，源源不断的后续资金，靠的是欧洲对美的贸易顺差。美国张开其温暖的怀胞，给战后欧洲以极大的抚慰。

与欧洲同样幸运的还有日本。日本是一个资源匮乏的国家，面积狭小，国内市场容量有限，就在 60 年前，它也没发达到哪里去。但日本的成功之处就在于，它把握住了世界市场的每一个机会，从中东进口石油，向世界倾泻产品。不到 40 年的时间，曾经的战败国就一跃成了世界第一大债权国。其它的像“亚洲四小龙”，以及后来的“亚洲四小虎”，又有哪一个不是靠出口导向型战略起家的。

但是，真理再往前走一步，则可能是谬误。如果有谁认为，成功的经验可以一劳永逸，就大错而特错了。1997 年以前，几乎所有的人都众口一词，说 21 世纪是亚洲的世纪。然而，历史却开了一个近乎残酷的玩笑，亚洲的世纪还没有来临，金融危机却抢先到来了。东南亚等来的不是进一步的繁荣和兴旺，而是破产、失业、收入的下降和生计的窘迫！

任何成功的模式，都有它成功的土壤。战后的世界格局，是一个冷战的格局。为了对抗共产主义的阵营，为了让其盟友尽快富裕起来，以分担日益庞大的军费开支，美国慷慨地对其盟友开放了市场。那个时候的美国太强大了，强大得不附加任何条件。欧洲、日本和亚洲四小龙，都是因此而成功的。

然而成功却带来了新的问题，美国人很快发现，那些曾经依偎在它翅膀下面的小鸟，在羽翼丰满之后，不再需要它的保护，而是要与美国人分庭抗礼了。于是，美国的策略开始转变，对市场准入提出了越来越多的附加条件。而苏联的解体，又加速了这一转变的进程。共同的敌人不存在了，大家抱团的愿望也就不再迫切了。欧洲通过加快共同市场的建设，努力缓解了这一转变的冲击，而亚洲没有做出任何有效的反应，不得不面对越来越压抑的市场空间。昔日的土壤不存在了，曾经成功的模式，也就不再那么熠熠生挥了。

当今世界三大经济巨人，有两个在亚太。因此，中国要走向世界，首先必须融入亚太。而这种融入必须正视一个问题，就是亚太地区畸形的贸易结构。畸形结构的一极是日本，另一极是美国，前者长期保持着巨额的贸易顺差，而后者则是巨额的逆差。位于两极之间的国家，几乎全都是通过美国的逆差，来获得美元，支付给日本，以扩大日本的顺差的。问题在于，任何一个国家承受逆差和顺差的能力，都有一个限度，美国和日本也不例外。

可以设想，如果把一个人上半身所有的静脉血管都堵住，心脏只能通过动脉向大脑输血，而大脑的血液却不能往心脏回流，将会出现什么样的后果？用不了多长时间，心脏就会衰竭，而大脑将要爆炸！国际贸易也是这个道理，一旦美国再也无力承担巨额逆差，亚太地区的贸易必将崩溃无疑。事实上，10 年前的东南亚金融危机，就已经向我们敲响了警钟。

当前我们面临的问题：一方面，受金融危机的打击，美国已经无力独撑天下了；另一方面，在亚太地区，如果要为出口导向型战略再造成功的土壤，唯一可能的"火车头"只能是日本。但与其相信日本会这样做，不如相信这种战略已经走到了尽头。

在经济全球化的年代，市场是最重要的战略资源。谁掌握了市场，谁就占据着最有力的竞争地位。而中国有13亿人口，国内市场潜力巨大，几乎所有的国家都对它垂涎三尺。这可是个硕大的"金饭碗"，而且就在自己的眼前。如果对它视而不见、弃之不顾，总想去云游四方，到外面去化斋求缘，那么，万一化缘不成，待日后空腹而归的时候，原来的"金饭碗"还会属于我们吗?

二、扩大内需可借鉴凯恩斯理论，但不能照搬

如果大家对中央"扩大内需"的方针有了一致的认识，那么接下来，我们就来讨论如何扩大内需。关于这个问题，我想先从理论方面谈，今天的讲坛正是读书活动的讲坛，所以借这个机会向大家介绍一本书，即英国经济学家凯恩斯的《就业利息与货币通论》。上世纪30年代大萧条后，凯恩斯主义应运而生。据说，凯恩斯这本书曾为战后西方国家创造了20年的经济繁荣。

1998年，为了应对亚洲金融危机，国务院推出了积极财政政策与适当的货币政策。于是有人批评说政府借鉴了凯恩斯主义与罗斯福新政。记得当时的国务院总理朱镕基同志来中央党校发表

讲话时也提及过此事，他说：“现在有人批评我借鉴了凯恩斯主义与罗斯福新政，我不说是，也不说不是。如果你们非要说是，那么我在前面加几个字，即是‘中国特色’的凯恩斯主义与罗斯福新政。”

我的看法是，学术上任何一种创新，皆属人类共同的文明成果，何况凯恩斯是经济学一代宗师，中国要加以借鉴也无可厚非。那么，凯恩斯对国内需求不足是如何解释的呢？简单说，他把有效需求分为投资需求和消费需求，然后用三个心理规律，分别揭示了消费与投资不足的原因。

关于消费需求不足，凯恩斯把它归结为消费倾向递减。所谓消费倾向递减，就是指消费在收入中的比重不断下降。据凯恩斯说，当人们收入增加时，消费也会随之增加，但消费的增长，始终赶不上收入的增长，使消费在收入中的比重越来越低。这样，就导致了社会的消费需求不足。而投资需求不足，则是由“资本效率递减”与“流动偏好”所致。所谓资本效率递减，实际上就是指资本家预期的投资利润率递减。

对资本家而言，是否投资，取决于两个因素：一是投资利润率；二是银行利率。如果前者高于后者，就会考虑投资，否则，投资利润率低于银行利率，办企业无利可图，资本家就会收手，转而去吃银行利息。因此，投资利润率持续下降，是投资普遍不足的根本原因。

既然资本效率递减导致投资不足，那为什么不通过调低银行利率来刺激投资呢？凯恩斯说，这是因为“流动偏好”的存在，使得政府难以首尾兼顾。所谓流动偏好、是说人们都有一种保留现金的爱好。人们所以要保留现金，大凡有三个动机：一是为了防止意外与突发事件，称为谨慎动机；二是为了应付日常开支，此乃交易动机；三是为了寻求更大的获利机会，故为投机动机。据此凯恩斯进一步分析说，由于流动偏好的存在，使得大量的货币收入滞留在人们手中，不能及时转化为储蓄与投资，因而压低了社会总需求，如若要人们放弃流动偏好，就不仅不能降低利率，反而还得提高利率，不然，老百姓是绝不会把手头的现金存进银行的。可见，正是由于资本效率递减与流动偏好交织并存，使得投资陷入了这种“两难”困境。

根据以上分析，产生失业的“病根”，是消费与投资不足，而消费与投资不足，又是市场机制自发作用的结果。既是如此，解决失业问题，市场本身无能为力。于是，凯恩斯大声疾呼：政府应该站出来，为扩大需求助一臂之力。比如在扩大消费方面，他认为首选之策是增加工资，因为人们收入增加，购买力才能增加。同时他还指出，由于“消费倾向”递减，富人收入的增加，对消费的拉动作用很小，所以，他建议采用累进所得税的办法，劫富济贫，增加穷人的收入。

在投资方面，凯恩斯提出，当经济萧条时，政府应实行赤字预算与适度的通货膨胀政策，通过政府采购与政府投资，来拉动全社会的投资。并且他还认为，刺激投资与刺激消费相比，对扩大需求来说，前者更为重要。因为在他看来，投资不同于消费，它具有连锁的“乘数效应”。如政府投资电网改造，生产电网设备的厂家就会增加销售收入，这样又可反过来扩大生产、增雇员工；随着就业人数的增加，消费也将增加，于是又会相应地带动了服务业、金融业的发展，结果使总需求不断扩大。至于为什么要实行“适度”的通货膨胀，凯恩斯的理由很简单，政府增发货币，推动物价上涨，既可以刺激购买，压低流动偏好；又可以降低利率，增加投资引诱。

以上说的是凯恩斯的就业理论，这里我想强调的是，回到现实政策层面，西方的理论可以借鉴，但绝不能照搬。

三、当前“扩需”应进一步研究的几个问题

去年年底以来政府出台了一系列扩需政策，整体看效果是好的，目前经济已显全面企稳回升的迹象。但据我所知，学界对政府的扩需措施还有一些分歧，我本人也觉得某些政策尚需进一步完善。这里我主要说三点。

（一）扩大内需的重点是刺激投资还是拉动消费

回想 10 年前，当时政府扩需的重点是刺激投资。有事实为凭，1998 年财政发行 1000 亿特别国债，另有 1000 亿配套贷款，都尽数用在了基础设施建设。接下来几年，政府虽也强调消费的作用，并启动了消费信贷；但扩需的重点，却仍在投资方面。

这回政府扩需却不同，比如今明两年拿出四万亿扩需，优先考虑的则是民生。而且中央说得很明确，要坚持扩大国内需求、特别是消费需求的方针。温总理也曾多次表示要重点刺激消费。我完全赞成把扩大消费作为扩需重点，但绝不是说上次重点刺激投资有何不妥，当时我们基础设施薄弱，加大投资当然是对的。

然而今非昔比，今天的情况变了，我们也不能因循守旧。当然，当下许多人对政府把消费作为重点不理解，恐怕还有一个原因，就是凯恩斯也曾主张重点刺激投资。其理由就是那个所谓的“投资乘数”理论。

举个例子。比如某发电厂投资 100 万，其中 80% 去买煤，20% 发工资，若煤矿把煤卖给电厂，便得 80 万的收入；假定煤矿再用这 80 万的 80% 买机械，20% 发工资，那么机械厂可得 64 万的收入；机械厂用 64 万的 80% 买钢铁，20% 发工资，则钢铁厂可得 51.2 万的收入。以此类推，当初电厂 100 万的投资，最后会给社会创造出 500 万的总收入。对投资乘数，大学经济学课本皆有介绍，而且分析逻辑井然，无懈可击。

可应该追问的是，投资能创造收入、放大需求，消费不也照样能够吗？假若消费者拿 100 万去买私家车，那么汽车厂可得 100 万收入。汽车厂有了这 100 万，可再用 80 万买钢材，20 万发工资，则钢铁厂可得 80 万收入。接着推下去，100 万的消费带动的总需求，不同样也是 500 万？可见，用投资乘数证明投资是扩需重点，多少有些瞒天过海的味道，理论上未必站得住。

事实上，投资与消费，都能拉动内需，至于何者更有效，须慎重权衡才可定论。至少，有两点值得考虑：第一，短期看能否减少过剩；第二，长期看会否增加新的过剩。若以这两点判断，消费无疑比投资更具优势。投资虽可减少当期过剩，但日后将形成更大的供给，对原本过剩的经济会百上加斤。对此，凯恩斯曾提过一个办法，即政府把劳力组织起来去挖沟，然后再让另一批人把沟填起来。这样一挖一填，既耗费了社会存货，而又没有增加产品，故不会导致新的过剩。

不错，挖沟填沟可以扩需，但这种劳命伤财的事，政府怎可以去做呢？倘若政府不能做，那么就得改换思路，把刺激消费作为重点。问题在于，就当前中国的情形论，刺激消费也非易事。其中最大的难题，就是消费者收入普遍偏低。有人说，中国消费不足，是由于国人观念保守，不如欧美人潇洒。其实，这哪里仅是观念问题，纵然你开明，也想学人家阔佬富婆，一掷千金万金，可要是囊中羞涩，你学得了吗？

很明显，要刺激消费，必须先提高国人的收入。对这事，学界翻来覆去讨论了好几年，而多数人的意见，是加薪没有钱。本来，上届政府就曾打算替大家加工资，结果也因缺钱而搁浅。钱到底是什么？直白地解释，钱就是资金，是物资与纸币的总称。由此想深一层，政府说缺资金，不一定是缺物资，也可能是缺纸币。计划经济时期政府说缺资金，那时缺的是物资；今天我们生产过剩，可政府仍说缺资金，那么现在所缺的，显然不是物资而是纸币。缺纸币与缺物资不同，物资缺了不可加薪，加了就会通胀；而缺纸币好办，中国有的是纸，只要印钞厂加加班，问题就不难解决。

的确，中国加薪的困难不在钱。真正的困难，是如何把钱加到低收入者头上去。政府公务员加薪容易，棘手的是工人农民怎么办？工人的薪酬是雇主给的，国家虽可出台最低工资法，但这样做会弄巧成拙，令更多的人失业。比如某餐厅老板原来雇人洗碗，每月花 600 元，若现在法定最低工资升至 1000 元，那么他很可能去买洗碗机而减少雇人。再有就是农民，农民要卖农产品才能有收入，而农产品价格却由市场定，政府管不了价格，想让农民增收也是力不从心。

当然，办法还是有的。最近几年，政府先后推出的粮食生产直补、免征农业税等，对农民增收作用显著，可谓居功至伟。过去，我们总以为提高收入就得加工资，其实，条条道路通罗马，不加工资，也是可以帮低收入者增收的。比如，政府加大对养老、医疗、失业等社保的投入，提高保障水平，进一步拓宽保障面，让社保不仅覆盖城市，而且也覆盖农村，这样，也就等于提高了城乡居民收入。

可以想见，中国有 13 亿人口，要是人们没有后顾之忧，老有所养，病有所医，大家一定会放心大胆地去消费，若果如此，拉动内需定有可观的效果；由内需不足所引发的诸多问题也可迎刃而解。

（二）财政政策是继续增发国债还是加大减税

我们说扩需重点在消费，但这不等于可以不重视投资。那么如何刺激投资呢？凯恩斯说，投资需求不足的主要原因是资本边际收益递减。换句话讲，就是企业投资不赚钱。这样看，那么所谓刺激投资，就是要让投资者有钱可赚。为此，政府能做的无非是两件事：一是通过政府采购与投资以减少企业的库存与积压；二是减税以扩大企业的盈利。

于是问题就来了，增加政府采购与投资，财政支出会扩大；而减税则会减少近期的财政收入。如此，财政预算就会有赤字，为了弥补预算缺口，通行的做法就是发国债。今年财政举债9500亿，就是因为预算有缺口。可麻烦在于，财政借债是要还钱的，“李嘉图—巴罗等价定理”说，今天的债就是明天的税。今天财政发债越多，明天还债就得收更多的税。企业缴税多了投资就会减少，由此看，政府举债投资必挤占民间投资。

再想深一层，政府发债是扩大政府投资；减税是扩大企业投资，那么哪种投资效果更好呢？我的观点，是企业投资效果好。远的不说，以1998年为例，当时政府拿2000亿搞了72个项目，到1999年的5月份，国家财政部和国家审计署联合做了一次跟踪检查。结果发现，72个项目当中，有20个项目资金严重被挪用，其中有10个项目，纯属三边工程。西南某省有一个项目，当时申报的时候，说是投资9个亿，到1999年5月，已经投进去10多个亿，调查组问他们的负责人还需要多少钱，他们回答说不知道，问什么时候竣工投产？也说不知道。真是让人哭笑不得。

何以如此？说到底这是一个体制问题。经济学中有一个基本假定，叫“经济人假定”，说人是理性自私的。如果从经济人假定出发，人们花钱办事一定会有四种类型：花自己的钱，办自己的事，既讲节约又讲效果；花自己的钱，办别人的事，只讲节约不讲效果；花别人的钱，办自己的事，只讲效果不讲节约；花别人的钱，办别人的事，既不讲节约又不讲效果。不信我们看看，现在房改了自己装修房子的时候，是不是既讲节约又讲效果。我们经常听说有人装修办公楼时吃回扣，结果被法院判刑；可有谁听说过哪个处长自己家里装修吃回扣被纪委双规的呢？

减税可刺激民间投资，道理不难理解，不必多解释。而政府不肯减税，多半是担心减税后财政收入会减少。所以 1998 年那次扩需时，税收还曾不减反增，下半年追收了 1000 亿。今年政府推行结构性减税，据说减税额达 5000 亿。这 5000 亿怎么来我没看到具体的说明，不过最近我赴沿海几个省调研，企业普遍反映减税力度还是不够大。比如增值税转型，如今企业惨淡经营，生死未卜，这时谁会花钱去购设备？不购设备，当然享受不了转型的优惠；再比如出口退税与所得税合并，若企业无出口、无盈利，减税政策再好也与它们无干。所以有人说，结构性减税对多数企业是画饼充饥，中看不中用。

那么，政府何不直接调减增值税呢？曾与企业家座谈，他们说若将增值税率下调 5%，他们就可正常生产。倘真如此，政府就当义无反顾。因为保增长关键在保企业；而保企业，其实就是保就业、保民生。值得研究的是，大幅调减增值税会否导致财政收入大幅下滑呢？理论上说应该不会。经济学的拉弗曲线已解释很清楚，说如果税率过高，企业投资的预期利润会下降，投资利润下降，必然导致投资萎缩，投资萎缩，又会导致生产增长缓慢，政府税收也会因此减少；相反，如果降低税率，会给企业以新的刺激，投资会增加，经济增长加快，税源就会扩大，这样反而会使税收增加。

当然这是理论上的分析，让我们再看美国的减税实验：一个是肯尼迪的“减税计划”；一个是里根的“经济复兴税法”。肯尼迪 1961 年上台的时候，正好赶上一次新的经济衰退，因此他提出要在三年内，使个人所得税的最高税率与最低税率，分别从 91% 和 20%，下降为 65% 和 14%；企业所得税，则从 52% 与 30%，分别下降为 47% 和 23%。财政部原来估计，由于减税，政府在 5 年中可能会减少 890 亿美元的税收，但事后政府的税收却反而增加了 540 亿美元。而里根政府 1981 年推行全面减税，结果，不仅遏止了经济衰退，而且给美国创造了从 1982 年底开始，连续 25 个月高速增长的奇迹，到 1984 年经过调整后，经济增长率还高达 6.8%，仍是二战以来美国最有力的增长。

（三）货币政策是主要防通胀还是防通缩

为了扩大内需，今年开始执行适当宽松的货币政策。下调存款准备金、降息、放大信贷规模，多管齐下，旨在增加流动性。今年的信贷规模 5 万亿，而头三个月就达 4.89 万亿。于是有人担心，如此大规模的货币投放，会否令通货膨胀卷土重来？人们有这种担心并非杞人忧天，不过当前内需不足，我认为重点是防通缩。有前车之鉴，1998 年当时政府也曾想控物价，希望把 CPI 控制在 3% 以下，可结果呢？让人大跌眼镜，物价负增长，出现了通缩。

今年政府的物价目标，是要将 CPI 控制在 4% 以下。可从最近几月的数据看，通缩的危险在加大。一月份的 CPI 还是 1%，PPI 为 -3.3%；二月份 CPI 就降为 -1.6%，而 PPI 为 -4.7%；三月份 CPI 为 -1.2%，PPI 为 -6%；四月份 CPI 为 -1.5%，PPI 为 -6.6%；五月份 CPI 为 -1.4%，PPI 为 -7.2%。如果这种势头不扭转，再持续几个月，消费者必形成降价预期，若如此，对原本疲软的市场则雪上加霜。因为大众的消费心理是买涨不买跌，商品涨价就抢购；商品降价反而会持币观望。

房地产市场是很好的例子。眼下国内房市为何一蹶不振？原因之一，就是人们对未来房价普遍看跌。想想吧，明知房价明天要降，你今天会买房吗？当然不会。所以为拉动消费，适度通胀反而有助，何况相对 8% 的 GDP 增长，5% 的 CPI 也不高。由此看，政府的当务之急应是防通缩。

不要误会，我不是说通胀就好。如果通胀率过高，不仅会危害经济的健康，还会危及社会稳定。我想说的是，政府若把通胀率控制在适度范围，对经济可能有益无害。什么是适度范围呢？大致说，就是通胀率要同时低于财政收入增长率与 GDP 增长率。只要严守这两道防线，通胀就不会有大危险。政府要做的是为低收入消费者提供补贴，而不是相反控制物价，去补贴生产者。

当然从长期看，货币政策目标还是要保持物价稳定。如何做到这一点呢？50 多年前，关于货币政策“规则”与“权变”之争曾轰动一时，今天作简单回顾，我们兴许能从中得到某些启示。

以国家干预经济为基调的凯恩斯学派，倡导“相机抉择”的所谓“权变”政策，在他们看来，经济生活仿如一条有着荣枯周期的河流，而货币供应就是一道闸门，政府作为“守闸人”，应时刻根据“河流”的荣枯状况，相应地关闭或开启“闸门”，从而达到平衡货币供求、缓解经济波动的目的。

由于凯恩斯主义一直是战后经济学的“主流”，因此，“权变”的货币政策自然在西方各国大行其道。不过，自上世纪 50 年代后期起，一股反对“权变”的理论旋风从美国东部刮起，高举这面反旗的领袖是现代货币主义学派的“掌门人”弗里德曼，他对凯恩斯的“权变”政策进行了批判。

弗里德曼认为，“权变”政策不仅事实上很难收到预期效果，甚至会适得其反，造成经济的大起大落。据此，他力主政府放弃传统的“权变”政策，而建议用一种预先制定的对货币投放有约束力的“规则”取而代之，比如，把货币供应的年增长率，长期地固定在与经济增长率以及劳动力增长率大体一致的水平上。这就是所谓著名的“简单规则”或“单一规则”的货币政策。

弗里德曼用铁证如山的历史事实证明，“相机抉择”的货币政策往往会使经济更不稳定。他通过对历史大量统计资料的考察和实证研究，指出货币政策只有在经历了一个易变的、长期的“时滞期”后才能作用于经济。具体说，从中央银行货币供应的变化到经济生活中反映出这种变化之间，存在着两个“时滞”：

货币增长率的变化平均需在6至9个月以后才能引起名义收入增长率的变化；在名义收入和产量受到影响之后，平均要再过6至9个月价格才会受到影响，因此，货币政策生效的时间往往要经过一年或一年半的时间。

正是由于存在这12至18个月的滞后效应，所以弗里德曼说，中央银行难以掌握成功实施权变政策所需的必要信息，无法准确预测经济的未来走向，更不用说去把握现实社会对货币政策作出反应的时间和程度，这样，政府在扩大和收紧货币供应量时，就难免会做过头或做不到位：要么对经济刺激过度，要么紧缩过度，从而导致与最初愿望相反的结果，加剧经济的波动和不稳定。

由此可见，政府要担当好“守闸人”并非易事。弗里德曼认为，政府与其手忙脚乱，倒不如无为而治，制订出一个长期不变的货币投放增长的比例规则，比如，货币当局在确定货币供应量时，牢牢盯住两个指标：一个是经济增长速度，另一个是劳动力增长比例，并把货币供应的年增长率控制在这两个指标之内，如此以静制动、以不变应万变，反而可以使经济趋于稳定，

根据自己的估算，弗里德曼指出，美国每年需要增加货币1%或2%以配合人口和劳动力的增长，再加上年产量平均增长约为3%，若再考虑到劳动力的增长和货币流通速度会随着实际收入的增加而下降的趋势等因素，美国货币供应的年增长率可定在4%至5%。这种简单规则的货币政策，实际上是政府为货币供应确定的一条稳定航线，只要货币当局始终遵循这条航线，那么，经济的大幅度波动就能得以避免。

由于凯恩斯主义的“权变”政策无法化解西方国家的“滞胀”，所以多数市场经济国家都先后实行了“简单规则”的货币政策，瑞士、德国、日本则被认为是由于实行稳定的货币增长政策而控制了通胀；当年以撒切尔夫人为首的英国保守党政府，更是惟“简单规则”是瞻，美国里根总统上台后所提出的“经济复兴计划”中，也把控制货币供给量作为主要项目。“简单规则”货币政策所产生的深远影响，足可窥其一斑。

回头再说中国。据统计，2002 年至 2007 年，货币供应（M2）年平均增长 17.1%，而同期 GDP 年增长约 10%，劳动力增长 4%，可见我们的货币供应增长偏快，出现流动性过剩。为稳定物价，前几年我们不断提高存款准备金率（2007 年底达 17.5%），不断加息（最高贷款利率达 7.47%），同时央行发行央票回笼货币，结果银根偏紧而经济出现下滑，于是政府又开始新一轮的放松银根。现在看，为避免经济大起大落，长久之计应借鉴简单规则的货币政策。考虑到经济增长与劳动力增长，可把年货币供应（M2）增长率稳定在 14% 左右。利率可根据通胀指数调节，但存款准备金率不宜轻易变动。公开市场业务也应预先纳入货币供应总盘子，不可作为瞬间调节的应变措施。

今天我就讲到这里，很多是我个人的看法，是我作为一个学者在这里的发言。谢谢。

（本文根据王东京 2009 年 6 月 20 日在中央国家机关“强素质，作表率”读书活动主题讲坛上的讲座内容整理）

主讲人：张信刚

张信刚，1940年生于沈阳。台湾大学土木工程系毕业，后赴美进修，获斯坦福大学结构工程硕士及西北大学生物医学工程博士。在美国、加拿大及香港著名大学任教近四十年。1996年至2007年，任香港城市大学校长兼任大学讲座教授。自2007年秋，张教授先后在清华大学及北京大学讲授通识课程；现任北京大学叶氏鲁迅社会科学讲座教授。

中国文化导读：丝绸之路上的文化交流

中国文化导读：
丝绸之路上的文化交流

一

我今天的演讲主题是《中国文化导读》，选取的角度是丝绸之路上的文化交流，是主办方规定的，也是我们协商出来的，这个题目我想分为几段来说。

首先让我们看一看中国文化发生的地理原因，法国一位有名的历史学家曾经说过，没有地理就没有历史与文化，一切的文化都是在特定的地理环境中发生的。从中国的地图上我们看到，我们中国是在欧亚大陆的最东端，东有大海，北有大漠，西面是山脉，所以相对地跟西方接触得比较少。

中国的文明由于相对隔绝，所以我们从来没有像其他的任何文明一样采取字母拼音的形式，我们的语言是单音节的汉语，书写的方法是方块字的形式，这个特点始终保持了下来。既然中华文明最重要的特色是单音节的语言跟方块的文字，这也就形成了中华民族与众不同的一种特别的审美观。

比如对联，只有在使用单音节文字的语言里面才能有对联这种文学形式。例如曾经有这样一幅对联，上联是“寄寓客家牢守寒窗空寂寞”，这里每一个字都是宝盖头；下联是“远避迷途退还莲迳返逍遥”，每一个字都是走之旁的，这种文字的游戏在其他民族里是不可能有的。

但是这也不代表中国文化与外界没有来往，我今天讲的主题就是看一看我们的来往到底是怎么一回事。

从最近许多的考古发现可以知道，过去以为中华文明发生在黄河流域然后向外逐渐扩散的想法是不正确的。以河姆渡文化和巴蜀文化为例，我们可以知道，在黄河流域文化诞生的同时也有不少已然发展了的不同的文化，从东北到东南到东部都有。比如，现在考古发掘最早的丝绸就是在河姆渡发现的，大约是公元前 3000 年的制品。所以中华文化本身的形成就是一个通过互相接触、由多元而一体的过程。今天我们都使用同样的语言、同样的文字，大家有类似的审美观。这代表古代不同文化融合的过程和结果。

到了近代，中国文化与外界的接触更加密切。比如服饰。一百多年前统治着中国的慈禧照片中，她的服饰和今天女性的服饰可是大不相同。而当时正在兴旺发达的国家——美国的统治者老罗斯福穿的衣服和今天的美国男性相差不多。两个民族从服饰上可以看得出来，文化是不同的。

我们再看胡锦涛主席和奥巴马总统会面的照片，现在中国领导人跟1905年的领导人服饰完全不同，美国的领导人和1905年相比衣服则大致相同，但是他们的肤色不同。文化的交流和融合在美国和中国都在发生。

在这个情况下我们的学生们到底应该怎么样去学习呢？我个人做了一些思考。我1996年开始担任香港城市大学校长，我对香港大学生掌握中国文化的情况有一些认识，也有一些担心。所以1996年我开始走访北京大学和台湾的中央研究院，跟一些学者交谈，得到的结论是写一本比较简单的，但又能反映中国文化的博大精深和源远流长的内容的一本书，这本书应该是每一章都能让学生读，打开任何一章都可以让学生读下去。后来在香港城市大学设立了中国文化课程，从1998年起香港城市大学不论工、理、文、法、社会科学等任何专业的本科生都要修6个学分才能毕业。也就有了这样一本书：《中国文化导读》。这本书的序是我写的，全书共有34章。我今天给大家做的报告是从第30章的角度来看的。

在1998年，这本书还没出来的时候，我曾经做过一个演讲，《从活字版到万维网》，大意是说我们的中华文化曾经非常辉煌，在宋朝的时候就已经达到了成熟阶段，具有非常蓬勃的创造力。但是近几百年来它的创造力很薄弱。当时宋朝的时候发明了活字版，活字版对世界文明有很大的贡献，但是在当今万维网的时代，我们应该如何驾驭日新月异的科技发展并用它来丰富我们的文化，用它传播我们的文化，跟其他的文化进行交流呢？

我当时用了一个科技的名词叫"C++"，"C++"原本是写电脑软件的语言，我这里是套用了电脑的一个术语。“C”意指“Chinese Culture”，第一个“＋”是希望尊重自己民族的文化，但也要进行必要的反思；第二个“＋”是除了有本土文化以外还要具备国际文化视野，以便吸收现代新养分。

在香港，我曾经被特别行政区的行政长官任命为文化委员会主席，有三年时间负责香港文化政策的制定并向政府推荐一些具体措施。我也是内地的中华文化促进会的副主席。我这里想讲的是，我想促进的中华文化，是现代的、发展中的，包括不同元素的新文化，这个新文化绝对不是远古文化的再现，也不是汉唐文化的复兴，我们要以本民族的文化传统为荣，但也更愿意借鉴其他文化的优点，我们的立足点是今天，我们的着眼点是未来。

二

我们回到今天的本题——丝绸之路，丝绸之路这个名字其实是欧洲人想出来的，是一位德国地理学家经过考察之后，认为：在欧亚大陆上，丝绸的贸易曾经作为欧亚大陆最重要的交往方式，因而提出了丝绸之路这个说法。他把丝绸之路定为从洛阳、长安出发，到中亚的撒马尔罕。其他的学者又认为其实丝绸真正的享用者是罗马人、希腊人以及后来的欧洲贵族，所以丝绸之路的终点应该是地中海沿岸。

我们可以把丝绸之路分三段：第一段是从洛阳或者长安到敦煌；第二段是从敦煌到撒马尔罕；第三段是从撒马尔罕到地中海。这其实不是简单的一条路，而是一种交通的渠道，包括东西方之间的许多条道路。

从丝绸之路的命名我们也可以看出，它是西方的学者研究出来的，我们才知道了自己的这部分历史。所以人类的文明始终是互相交流的。

丝绸从洛阳、长安到敦煌，再从敦煌穿过玉门关，运往西域，但是丝绸之路上不光是丝绸，其实还有很多东西。比如，为什么叫玉门关呢，因为西域的美玉从这里进入中原。

（一）走过丝绸之路的人

第一个是张骞，没有张骞就没有丝绸之路，可以说张骞是中原第一个了解到在沙漠和高山的那一边还有一个非常兴盛的文明的人。张骞出使西域的直接原因是汉朝和匈奴长期对峙。一般说早期的文明有两种，一种是农耕文明；另外一种是畜牧文明。畜牧文明的发展跟农耕文明在时间上是差不多的，但由于地理环境不一样，所以采取了不同的生活方式。一旦形成了两种生活方式，他们之间既有互通有无的情况，同时也会有摩擦和冲突。汉朝早年的时候，从汉高祖刘邦开始，就采取与匈奴和亲的政策。经过 70 年的养精蓄锐，汉武帝想要解决北方的大患，张骞去西域有一个非常重要的使命，就是希望有一个国家和中国合作从侧面牵制匈奴，另外希望自己能饲养出很好的马。起初他的使命没有成功，大约在河西走廊就被匈奴扣留了；他娶了匈奴的妻子，11 年后终于找到一个机会逃了。他逃出来以后没有回长安，而是继续往西走，找到了大月氏的聚居地（今天乌兹别克斯坦与哈萨克斯坦边境附近），后来又到了大夏（今天阿富汗、巴基斯坦交界处两侧）。匈奴人把大月氏从原来的地方赶走了，而且杀了他们的国王，所以大月氏和匈奴有仇。但张骞去找大月氏的时候，大月氏已经安定下来，不想再去攻打匈奴了。张骞只好回来复命，他是沿着塔里木盆地之南，走另外一条路回来的。不巧回来的时候也不顺利，还是被匈奴抓住，但最终逃了出来，回到了长安。虽然他的具体使命没有完成，但是在文化交流上作了很大的贡献。

首先，他第一次让中原的汉帝国对外部有一个更清晰的认识，以前都是道听途说，他很系统地做了观察和报告。

其次，他开辟了丝绸之路。以后的商人多是沿着张骞的路线，可以说丝绸之路就是张骞两次从西域回来之后才开始有的。

第三，也是最重要的一点就是真正的文化交流。物质上，他带回来优良马种（汗血马），另外我们习以为常的一些农作物和事物传了过来，石榴、胡桃、胡麻、胡豆、胡瓜等移植中土，同时我们的丝织品和铸铁的方法也传到欧洲。文化上，经过丝绸之路，印度的佛教哲学、希腊的雕刻艺术等都传入中国，对后来中国文化的发展影响非常大。

第二个人是鸠摩罗什，和从东向西走的张骞相反，他是从西到东。鸠摩罗什的父亲是流亡到龟兹国的印度贵族，母亲是龟兹国的公主。他年轻时就读过很多佛典，佛学修养很高，扬名西域。后来中原政府把他接到了中原，让他主持翻译佛经。他把许许多多的佛经翻译成汉语。比如《阿弥陀经》、《大品般若经》、《妙法莲华经》、《维摩诘所说经》、《金刚经》，还有《中论》、《百论》、《十二门论》、《大智度论》、《成实论》等，译经总数据《开元释教录》为74部384卷，这并不是他一个人翻译的，也有他的弟子。他是总翻译，负责校对，一般是他先用口说，别人写出来，最后他再校对。比如我们都很熟悉的"色不异空，空不异色，色即是空，空即是色"，就是他翻译的。

第三个重要人物是玄奘。尽管鸠摩罗什在公元5世纪初做了很多翻译，但是到了唐朝的时候对佛教的理解越来越深，各个教派也出现了一些不一致的地方，所以玄奘决定去印度学习，带回佛经自己翻译。到印度他学习梵语，学习佛法，造诣很高，印度的老师都认为他是所有的学生里最好的，就给了他一个讲坛，让他宣讲，18天没有人能把他辩倒。

从印度回来以后，玄奘受到了唐太宗的重视，让他做一个相当于今天的副部长的职位。但是他请辞了，他说我去西域18年带回来这么多的经文，只有我会梵文，如果我不翻译的话别人不会翻译，后来唐太宗给他建立一个藏经的地方。他自己除了翻译以外，还有一个重要的贡献，就是创立了法相宗。

玄奘去过很多地方，花了5年的时间游历印度，了解各地的风土人情。他回来后写了一本《大唐西域记》，在里面记述了风土人情、历史地理等许多情况，这本书对唐朝在西域的扩展起了很大的作用。这本书对后来的印度也有很大影响。印度后来有的历史湮没了，反倒从《大唐西域记》里找回很多当时的资料。19

世纪印度是在英国人的统治之下，英国考古专家根据《大唐西域记》，找到了著名佛寺那烂陀寺的遗址，发现了释迦牟尼的遗物等。还根据玄奘的记述，找到了孔雀王朝阿育王的遗迹。所以玄奘对世界文化的贡献也是很大的，在印度的国会里专门有描绘玄奘西行的画像。

最后我要说的重要人物是一个家族，成吉思汗家族。蒙古的历史大家都清楚，蒙古族当时生活在今天的俄罗斯和蒙古国交界的地方，是一个松散的部落群体，后来铁木真统一了很多的部落，组成部落联盟，初步具有国家的形式。他成立了蒙古以后，直接接触到的是河西走廊。他四次攻打西夏，这是党项人建立的国家，在现在的宁夏、甘肃、青海一带。又往西打到今天的哈密、吐鲁番一带，也就是进入了丝绸之路了。当时统治丝绸之路西段的是势力很大的花剌子模，成吉思汗派了一个贸易使团到这个国家进行贸易，花剌子模的边臣看不起成吉思汗，杀了使者；后来成吉思汗就向西打到里海，把花剌子模的国王给追到一个小岛上，在那里死去。后来整个西域都在蒙古的统治之下。以后成吉思汗的孙子拔都一直打到多瑙河，灭了已经有 400 余年的基辅罗斯，即今天俄罗斯的前身。当时基辅罗斯的首都在今天乌克兰的基辅，这里被蒙古人统治了 200 多年。另外一个蒙古分支的统帅是旭烈兀，也是成吉思汗的孙子。他带兵沿丝绸之路向西打到巴格达，当时这里是已经统治了中东 500 年的阿巴斯王朝的首都，是整个伊斯兰世界的中心。

蒙古人为什么打赢了？首先，蒙古的军队全部都是骑兵，没有步兵，机动性非常高。而且他们对马的控制非常好，他们都会用两只脚控制马，双手可以空出来射箭，而且他们使用的弓又轻又强，这个很重要。

其次，他们解决了一个辎重给养的问题，蒙古人的方法是一个骑兵带着五六匹马一块走，没有后勤部队，士兵们换着马骑，饿了就把马杀了，利用马骨做成箭，所以蒙古军队携带的箭非常多。而由于蒙古的军人从小训练的关系，能够吃苦，这就使蒙古军队的战斗力非常强。

另外，从战法上来讲，蒙古人采取了"惊骇"战法，蒙古军队对不投降的城市采用"屠城"的手段，就使很多城市出于恐惧而投降，并不是每一座城都打硬仗。

蒙古人从中亚和西亚带回了很多的士兵、商人、工匠和基督教教士，也学会了管理国家的行政经验。这些人对于后来蒙古灭金灭宋都产生了很大作用。比如南宋守襄阳守了很久，后来蒙古军队就调集了西域的将领和抛石机攻破了襄阳。

蒙古人在客观上促进了中国与西方的交流，它把很多东西都带到西方去了，西方的很多东西和文化也过来了。蒙古人后来接受了景教与藏传佛教，从回鹘人那里学会用粟特字母书写蒙古语。最初粟特字母是粟特人借用中东传过来的阿拉美字母，然后将这套字母传给回鹘人，回鹘人传给蒙古人，蒙古人再传给满人，所以满族的字母是从叙利亚来的，这是文化交流的另一个例子。

中国的印刷术、火药，特别是让西方所惊讶的纸币传到了欧洲，阿拉伯的历法和医术又传到中国。朱元璋刚刚开国的时候就下令我们要继续用“回回历”。因为当时中国的历法已经不如阿拉伯的历法好。总而言之，蒙古的西征从客观上保证了丝绸之路的畅通无阻，在丝绸之路上设立了许多驿站，从地中海到北京只需要 15 天。

（二）丝绸之路上的民族

丝绸之路是民族迁徙的走廊；多元民族在这里融合。究竟先后有哪些民族呢？我这里讲三个民族。

第一个是吐火罗人，这个概念大家可能比较陌生，我之所以愿意讲吐火罗人是因为刚刚过世的季羡林先生，他的专长就是吐火罗文。吐火罗人大约在 2000 年前进入河西走廊，当时最大的一支力量是月氏，被匈奴打败以后迁移到葱岭一带，后来灭了当时的大夏国。总体上讲，吐火罗人的典籍、经书和商业文书都是用他们的语言和印度的字母拼写的。他们跟楼兰人、于阗人、吐鲁番人都属于印欧语系。吐火罗人很早就信了佛教，后来又信摩尼教，也信景教。大致说吐火罗人的语言跟拉丁人、希腊人比较接近；距印度语、波斯语反而远。

接着我要说说粟特人，就是唐朝时一般所说的胡人。他们本来居住在今天的乌兹别克斯坦一带的地方，在锡尔河和阿姆河之间，说一种属于东伊朗语的语言，跟今天的伊朗人讲的话有很多相似的地方。中国的史书中把他们称为“昭武九姓”，按照音译分别姓石、康、安、何、曹等。粟特人在中国做生意的很多，整个丝绸之路上都有粟特胡商。他们的宗教是琐罗亚斯特所创的祆教，祆教的经文是以阿拉美字母拼写成的粟特语，阿拉美字母诞生在今天的叙利亚一带。

最后我要说的是突厥人。他们本来住在大兴安岭地区，源于丁零、铁勒、柔然，属于阿尔泰语系。突厥人在和唐朝的战争中分裂成了东、西两部分。东突厥后来内附于唐。西突厥向西到达葱岭以西。这部分突厥人在十世纪首先伊斯兰化，然后回头征服塔里木盆地一带。向西走得最远的一支到了小亚细亚，即今天的土耳其，他们统治当地的希腊人并且和他们通婚。所以今天的土耳其人血统上当然有原来突厥人的成分，但希腊人的成分更多一些。

中亚的伊斯兰化一直到 15 世纪才完成，哈密是最后一个被伊斯兰化的。今天的突厥语分布非常广，除了维吾尔人之外还有乌兹别克人、哈萨克人、吉尔吉斯人、土库曼人，以及俄罗斯境内的许多民族。

（三）丝绸之路上的宗教

首先是佛教。虽然佛教不是张骞通西域时带进来的，但是，佛教是在丝绸之路开通之后，在东西文化的交流中传到中原的。佛教的传入对中国文化影响相当大，对中国人的生死观、世界观都有影响。所以后来晋朝时的佛教徒自我宣传时就说汉武帝让张骞出使西域是为了带回佛教。

第二个我想说祆教，这是公元前六世纪琐罗亚斯特所创的宗教，后来在波斯盛行六七百年，粟特人基本上都是信这个教的，今天的伊朗主要是信仰伊斯兰教，但仍然有祆教。

另外一个是波斯人摩尼在公元3世纪创立的摩尼教。这个教在粟特人、突厥人和蒙古人之间很流行，在唐朝的时候就传到中国来了。后来，唐朝的一个皇帝——唐武宗在灭佛的时候连摩尼教一起给禁了。但是禁而不止，在民间仍有信徒，后来又传到南方去了。宋朝时方腊农民起义，他起义的号召就是摩尼教。

基督教。当时传入中国时叫做景教，是始于5世纪君士坦丁堡主教聂斯托里的一个基督教派，这位主教观点不被主流势力接受，就开始向外传播。后来传到了中国，8世纪的时候在唐朝长安立了一块“大秦景教流行中国碑”。

伊斯兰教。伊斯兰教是穆罕穆德在622年的时候创造的。据中国的回族说，伊斯兰最早传到中国应该是在唐太宗的时候，至少在8世纪安史之乱的时候唐政府向大食借兵，就有穆斯林来到中原，还有胡商中也有穆斯林，包括从海上来的“蕃客”，他们的后代就是今天中国回族的祖先。当然大批的穆斯林是蒙古军队从中亚带回来的。这些信仰伊斯兰教的穆斯林的后代就形成了现在的回族。比如说郑和就是穆斯林，是随蒙古军队来中国的中亚人的后代。所以郑和身上有中亚民族的血统。

（四）丝绸之路上的文化交流

首先我要讲一讲东西方的艺术交流。我们知道，中国佛教艺术的成就很高，这是受到了中亚、西亚的影响，最著名的是犍陀罗艺术。而犍陀罗艺术又是希腊艺术影响的结果。在佛教的初期，佛教徒们认为佛的光辉形象不是艺术形式可以表现的，所以他们根本不注重艺术的表现。后来佛教传到希腊人统治的大夏以后，大夏人按照希腊文化传统，开始对佛祖塑像。这个地方就是犍陀罗，也就是今天巴基斯坦的白沙瓦。而这些艺术后来又影响到中原，我们中国的佛教艺术也就间接受到了希腊艺术的影响。

而反过来，在这种文化交流中，中国艺术也对中亚、西亚的艺术产生了很大的影响。蒙古西征的时候，很多中国的绘画传到了中亚、西亚，他们也开始学习中国绘画的手法。比如波斯、阿拉伯、土耳其的细密画，我们可以很清楚地看到中国绘画的影响。

第二点，我想谈一谈造纸术的传播。在唐玄宗的时候，当时的安西都护府的长官高仙芝与阿拉伯——大食的势力在中亚的怛逻斯进行了一场战争，因为当地居民的叛变，唐朝军队被打败了，后来因为中原的安史之乱，唐朝的势力开始慢慢撤出了西域。就在这场战争中，唐军的战俘里有一些造纸的工匠，他们就把造纸术带到了阿拉伯世界。撒马尔罕成为伊斯兰世界造纸的中心，出产的纸质量很高，直到 18 世纪，进行绘画时还要找撒马尔罕出产的纸。造纸术大约在公元 750 年传到撒马尔罕，在公元 900 年左右到了开罗，公元 1000 年时传到了今天的摩洛哥，公元 1100 年传到西班牙，之后再传到法国和德国。造纸术的西传，使得纸得以在西方世界普及，取代了羊皮和纸草，成为制作书籍的材料，就使书籍的成本大为降低，教育因而更加普及，带动了西方文化的发展。

（五）丝绸之路新的意义

在今天演讲的最后，我套用杜甫的诗“落日照大旗，马鸣风萧萧”，以此来形容今天的丝绸之路。丝绸之路曾经辉煌一时，但是，从公元 16 世纪起，由于海上航路的开通与繁荣，往日繁忙的丝绸之路渐渐沦为世界上最为闭塞的地区之一，颇有“落日照大旗”的苍凉。然而，到了今天，21 世纪，由于交通工具与通讯手段的发达，比如正在建设的“欧亚大陆桥”，也由于能源的重要性，这一地区又得到了世界的关注，大国纷纷视之为战略重点。中国作为这一地区的一部分，对它的重视和了解也应逐步增加。可以说，旧时丝绸之路上的“马鸣风萧萧”又获得了新的意义。

我今天讲的丝绸之路的文化交流就到这里，有些零零碎碎。谢谢大家。

（本文根据张信刚 2009 年 7 月 25 日在中央国家机关“强素质，作表率”读书活动主题讲坛上的讲座内容整理）

主讲人：唐浩明

唐浩明，湖南衡阳人，1946 年出生。前后读过工科与文科两所大学，获文学硕士学位。第九届、第十届全国政协委员。现任湖南省作协主席、中南出版传媒集团公司董事、岳麓书社首席编辑。所编《曾国藩全集》获广泛好评。所著《曾国藩》获首届姚雪垠长篇历史小说奖，《杨度》获第三届国家图书奖，《张之洞》获第九届全国五个一工程奖及第二届姚雪垠长篇历史小说奖。

曾国藩与传统文化

曾国藩与传统文化

对于曾国藩，后人有很多评议。褒之者因他立德立功立言，而称他为一代完人、千古楷模；慕之者认为他以一农家子而封侯拜相，权倾天下而得善终，是古今少有的能人智者；贬之者则基于他镇压太平天国而骂他为汉奸、卖国贼、刽子手。我个人以为，若跳出事功政治的圈子，从文化的角度来看待这位晚清人物，可能会更客观、更准确一些。

在我看来，曾国藩应是中国传统文化所培育出来的典型人物，或者说是严谨的规范的中国传统文化实践者；还可以更高一点地说，他是中国最后一个传统文化集大成者。

本讲座从八个方面来展开这一论题。

一、系统的正规的长期教育，使曾氏的精神世界从一开始便皈依于中国传统文化

曾国藩的祖父是一个善于治事治家的能干农人。在他的手

里，曾家开始进入小康之境，他的三个儿子都能受到教育。长子曾麟书一辈子充当塾师，并拥有秀才功名。曾家是当地受人尊敬羡慕的耕读之家。因此，曾国藩的家虽然在偏僻的乡村，但却充满着浓郁的中国传统文化的氛围。

曾氏五岁发蒙，先后就读于其父授课的利见斋、锡麒斋及衡阳唐氏家塾、湘乡涟滨书院、长沙岳麓书院。他 14 岁开始应童子试，到 23 岁时，经过 8 次考试才中秀才。24 岁考中举人，接下来经过 3 次会试，在 28 岁那年考中进士点翰林。长达 23 年的寒窗苦读，多达 12 次的科举考试，在修得功名正果的同时，也将曾氏的精神世界别无选择地牢牢皈依于以儒学为主体的传统经典文化。

现今保存下来的名曰《小池》五律，是曾氏 14 岁时的作品。诗是这样写的："屋后一枯池，夜雨生波澜。勿言一勺水，会有蛟龙蟠。物理无定资，须臾变众窍。男儿未盖棺，进取谁能料。"一个在"天行健，君子自强不息"学说熏陶下，积极进取，对人生抱有很大期望的少年形象跃然纸上。

流传于世的他的会试文章《九月戊辰诸侯盟于葵邱》，对齐桓公纠列诸侯会盟葵邱，重申尊王室而讨伐背离之举予以高度赞扬。虽是闱场试文，然这种对大一统中央王权的维护，也确乎是《春秋》所教化的结果。

应该说，这种精神上的皈依，对于曾氏来说，是近于原始的本能的属于生命需要的信仰与追求。

二、十年翰苑生涯，在博览群籍的同时，曾氏以圣贤为榜样，修身慎独，完成生命境界的第一次升华

从 5 岁到 28 岁这 23 年间，曾氏读书的目的，主要是为了猎取功名，以便获得一官半职。记诵儒家经典，揣摸如何代圣人立言，无疑是他这段时期读书的重心。值得曾氏庆幸的是，他因此进入京师翰林院，而且在这里整整呆了十个年头。翰林院乃蓄才养望之地，没有多少实事，读书写文章是其本职。读书一旦与“敲门砖”脱钩之后，它的功效便大不相同了。曾氏既可借此广泛阅读诸子百家等各类书籍，又可以细细咀嚼儒家经典中的微言大义。曾氏在后者的表现，促使他早年精神境界的一次重大升华。

道光二十一年，也就是曾国藩进京之后的第二年，31 岁的他，加入当时京师一个以研究践行理学为主旨的松散团体。这个团体的人员多为官员，其中又以翰林院、詹事府等文化官员居多，其骨干人员有倭仁、吴廷栋、何桂珍、窦垿、邵懿辰、陈源兖等，他们的首领为唐鉴。唐鉴是湖南人，那时已 64 岁了，官居太常寺卿。唐鉴号称理学大师，是京师士人的精神领袖。据曾氏道光二十一年 7 月 14 日的日记记载，当天曾氏拜访了唐鉴，向唐请教两个大问题，一个是检身之要，一个是读书之法。所谓检身之要，就是检点自身的紧要入手之处，也就是说修身，对自己道德品性方面的修持该从哪些重要之处入手。对此一问题，唐鉴

告诉曾氏，要以《朱子全书》为宗师。对这部书，不应当只是浏览而已，而要身体力行。修身当从两个方面下手：一为内，一为外。内要“主一无适”，即奉行一个宗旨，心无旁骛。外要“整齐严肃”，即言行端谨庄重。对于读书之法，唐鉴说治学只有三个门类，即义理、考核、文章。经济之学，即治理国家的学问则归于义理一门中。治这门学问，重在读史。唐又对曾说，要学习倭仁，用记日记的方式监督自己，其监督之关键在于不自欺。曾氏说，唐鉴这番话，对他有“昭然若发蒙”的作用。

从那以后，曾氏以朱熹的书为课本，按着朱子的教导，去掉身上的毛病缺点，让自己变成一个崭新的人。他录袁了凡的话“从前种种譬如昨日死，从后种种譬如今日生”，这两句话正是他的字“涤生”的注脚。曾氏着重在五个方面对自身予以修整。这五个方面为：诚、敬、谨、静、恒。诚即诚实、诚信、诚恳，不欺人，不自欺。敬即以敬畏之心态办事待人，他将书房命名为无慢室。无慢，乃敬畏之心的外化。谨即言语谨慎，不打诳语，不巧言，不说违心的话。静即内心宁静。曾氏牢记唐鉴的话：最是静字功夫重要。若不静，则省身也不密，见理也不明，都是浮的。他坚持每日里不论怎样忙碌劳累，总要让心安静一时半刻，最好能做到万虑俱息，心如古井。恒即有规律，做事持之有恒，生活上饮食有节，起居有度。

遵照唐鉴的提示，曾氏借助记日记来作修身监督，以慎独的高标准来严格要求。每天将自己的所作所为、所思所想都真实地记录下来，对那些不符合规范的言行思想予以毫不留情地揭露批判。翻开曾氏早年的日记，常可见到他痛骂自己"下流"、"卑鄙"一类的字眼，颇有一股与自身毛病缺点血战一番的气势。他以圣贤为榜样，努力将自己也打造为当今的圣贤。他甚至写下"不为圣贤，即为禽兽"的话，意即若做不成圣贤，则是禽兽。如此，就将自己的后路给斩钉截铁地断了。

从日记来看当年曾氏的思想及行为，可知他的修身是真诚的，是脚踏实地的，是见之于行动的。这样的修身，对于人的心灵的净化、素质的提高是极有作用的。就在这段时期里，他为自己的人生作出两个决定：一是这一生绝不以升官作为发财的手段。二是效法前贤，以澄清天下为志。同时，他的人生认识上还有一个重要的收获，即从《易经》"盈虚消息"（《易·丰卦》："日中则昃，月盈则食。天地盈虚，与时消息。"）的天道中悟出人当求阙而不要求全，"花未全开月未圆"才是最好的状态，从而将自己的居所命名为求阙斋。应当说，而立年间的这一段刻苦自励的修身慎独岁月，让曾氏补上了如何做人这一最重要的课程。他的人生境界，因此得到第一次升华，为日后的绝大事业奠定了坚实的人格基础。而在眼下，实实在在的修身慎独，也让他得到看得见的实际利益。曾氏在京师的十二年，是他一生最为舒心的时期，除安逸、稳定之外，便是官运亨通。史载他"十年七迁"，即中进士十年内，他七次获得迁升。37 岁那年，他一次连升四级，由从四品升为从二品，从一个中级官员一跃为高级官员。迁升之速，在京师官场极为少见。他自己说："湖南三十七岁至二品者，本朝尚无一人。""近来中进士十年得阁学者，惟壬辰季仙九师、乙未张小浦及予三人。”

两年后，他正式做起礼部侍郎。从道光二十九年到咸丰二年，三年间，他除本职外，还先后兼任过兵部、工部、刑部、吏部侍郎。这就是后人津津乐道的“遍兼五部”。

仕途如此顺遂，原因自然是多方面的，但严格修身无疑是其中的原因之一：诚实谦抑、敬业慎言的官员，上司岂能不器重，同僚岂能不推服？他的口碑一定是好的，他晋升路上的人为障碍一定是少的。

三、当世道倾覆之际，曾氏慨然以澄清天下为己任，用铁腕整顿秩序、训练湘军，为乱世事业奠定根本

咸丰二年七月，曾氏在南下赴江西任乡试主考的半途，接到母死讣告，他立即向朝廷报丧辞职，同时改道回家奔丧。就在这时，太平军冲出广西，取道湖南北上，正在围攻省垣长沙。湖南处于战火中，一切旧的秩序都被打乱。10 月，太平军放弃围攻八十余天不下的长沙，继续北进，连克湘北数城。11 月中旬，太平军打下汉阳。面对着几乎不可遏制的太平军军威，朝廷内外一片惊慌。为协助地方政府维护秩序，咸丰帝决定采取嘉庆年间大办团练的办法，任命在原籍守制的曾国藩为第一个团练大臣。（在以后的两三个月里，又相继任命 42 个团练大臣）。曾氏一开始没有接受，已经草拟请求在家终制的辞谢折，待到 12 月中旬，得

知武昌被太平军占领，湖北巡抚常大淳一家自杀后，才不得不墨经出山。此时曾氏的临危受命，既有服从朝廷命令的职责所在的一面，也有保卫桑梓父老的责任感的一面，更有承担澄清天下重任的使命感的一面。

作为一个从内心皈依传统经典文化的知识分子，曾氏具有高于平庸官吏的眼光。他看出眼前的这支太平军，与历史上所有的犯上作乱的叛军都不同，他们不仅要推翻政权，取朝廷而代之，而且有自己的信仰，要用上帝来取名教而代之。他说：太平军"举中国数千年来礼义人伦、诗书典则一旦扫地荡尽，此岂独我大清之变，乃开辟以来名教之奇变，我孔子孟子之所痛哭于九原！"

面对这一突变局势，曾氏一方面看出这支军队的组织性、战斗性远不是过去的叛乱者所可比拟，另一方面他也想到，可以打出卫道的旗帜来号召读书人奋起保卫孔孟道统。在太平军高唱民族大义时，曾氏举起卫道的旗帜，作为政治家而言，这是他的高明之处；作为知识精英而言，则是他的必然取向。

正是出于对太平军的深刻认识，曾氏知道，嘉庆年间的那种团练，在今天已无济于事，而朝廷的正规军八旗、绿营又已丧失战斗力，故而必须"赤地新立"、"另起炉灶"。于是，借团练大臣的钦差身份，曾氏决定组建一支新的军队。现在回头看来，曾氏组建新军即后来影响甚大的湘军，有着清晰的三个阶段。

首先，曾氏提出在长沙城里成立千人大团。获得咸丰同意后，曾氏将从湘乡抽调上来的一千团丁，按戚继光的军制，分为三个营，设营官、哨官、什长等官职。这些人住营房，穿制服，领军饷，整天操练，实际上已是一支军队的雏型。曾氏利用这支大团，大刀阔斧、雷厉风行地推行他的拯时救世的抱负。为整顿已成混乱的秩序，让普通百姓有一个安生的环境，曾氏对趁战乱而起的各类破坏者予以严厉打击，尤其对会党分子严惩不贷。他授予他的部下有就地正法之权，即凡查明属实的会党成员立即杖毙。此举震慑力大，收效也快，但它既违背司法程序侵夺地方行政官衙的职权，同时又招来滥杀无辜的恶果。“曾剃头”的得名即由此而来。但曾国藩不因此而改变。他在给咸丰的报告中说：“臣之愚见，欲纯用重典以锄强暴，但愿良民有安生之日，即臣身得残忍严酷之名亦不敢辞；但愿通省无不破之案，即剿办有棘手万难之处亦不敢辞。”他在给友人的信中承认自己做了许多越俎代庖之事，也做了不少矫枉过正的事，但这都是为了改变几十年来“不痛不痒、不白不黑”的官场积习，希望世人能谅解他。

为了扭转绿营的疲沓之风，曾氏以钦差大臣的身份插手军事，强行命令驻扎在长沙城内的绿营士兵与他的团勇一样地从早到晚操练。此举遭到绿营官兵强烈反对，他们既不愿吃苦，又羞于与乌合之众的团练为伍。长沙副将清德公开出面制止曾氏的不合时宜的做法。而曾氏的态度更为强硬，他搜集清德的种种贪图安逸、疲玩渎职的庸劣行为，并毫不留情地揭露清德在太平军攻长沙时居然自行摘去顶戴，躲进民房的贪生怕死的丑行，请朝廷革去清德之职。很快，清德被朝廷革职查办。表面看来，曾氏在这次与长沙军方的较量中胜出，但他因此而更深地得罪绿营，得罪绿营的大后台湖南提督鲍起豹。绿营与团勇的矛盾更深。团勇屡遭绿营歧视，连曾氏的亲弟曾国葆都在城里挨了绿营的砖头。绿营与团勇之间，经常为一点小事而械斗。终于又因一次械斗，绿营吹号集合所有人在曾氏衙门外示威，有几十个人甚至冲进大门，扬言要杀掉曾氏。此事虽得平息，但给曾氏极大的刺激。他既恼火绿营的猖獗，也为湖南巡抚骆秉章袒护绿营而备感委屈，于是决定离开长沙这个腐朽势力强大的省垣之地。在得到朝廷同意后，他带着他的一千团丁来到湘南重镇衡州府。

此时的太平军，正处如日中天之时。在前线作战的湖南团练的最初首领江忠源屡遭重挫，兵员损失严重，朝廷命令曾氏加紧训练团勇予以补充。这显然是天赐良机。曾氏抓住这个机会，抱着组建一支真正大军的宏愿，同时也怀有给长沙文武官员一点厉害看看的个人情绪，在衡州府里招兵买马，轰轰烈烈地大干起来。短短的四个月里，他组建陆师十营共五千人，又富有远见地组建水师十营五千人，再加上八千后勤人员，到了咸丰三年底，一支拥有水陆两个兵种一万八千人，号称二万的湘军便宣告成立。曾氏完成了从团练协会主席到民兵团长再到三军统帅的转化。咸丰四年正月，过了年后，曾氏带着这支由书生为将、农夫为兵的崭新军队，在衡州府誓师北上，正式开始了与太平军逐鹿东南的军旅岁月。为壮军威，也为了宣传，出兵的时候，翰林起家的曾氏亲自撰写了一篇气势雄壮的檄文，声称："本部堂奉天子命，统师二万，水陆并进，誓将卧薪尝胆，殄此凶逆。"然而，事情并非他所想像的那样顺利。

3 月初，曾氏率三营陆军和水师救岳州。初七日，水师在洞庭湖遇风，沉没二十多号，撞坏十多号。接下来，先锋王鑫在羊楼司溃败，退回岳州。紧接着，曾氏幼弟国葆等人率领的三个营全部战败。4 月初二，曾氏又自率战船 40 号、陆勇 800 人，赴长沙城外靖港与太平军交战，不到一顿饭工夫，又水陆全败，狼狈回到长沙。曾氏对胜利已感绝望，向朝廷写了遗折后投水自杀，被左右救出。幸而，三天后湘潭克复，曾氏这才在绝望中又看到了一线希望。

这个时候，曾氏得到一个能人相助。此人即胡林翼。胡氏湖南益阳人，以翰林出身官居贵州贵东道。咸丰四年正月，胡带着六百黔勇，离黔经湘前往武昌援助湖广总督吴文镕。胡来到湘鄂交界处，得知吴文镕已战死黄州，遂不再前进。曾、胡本是极好的朋友，互为相知。曾氏于是上奏朝廷，极力推荐胡，说“胡林翼之才胜臣十倍”，请朝廷留胡在湖南，同时又请湖南政府拨军饷给胡。胡林翼从此加入湘军系列。胡的加盟，对曾氏和湘军集团至关重要。

这年闰七月，湘军收复岳州，8 月 23 日，又一举收复武昌、汉阳。湘军因此而声名鹊起。在汇报湘军武汉之胜的奏折中，曾氏着重强调湘军水师所起的作用。曾氏的意图是明显的，即湘军作为一支综合军事集团，在与拥有强大水师的太平军的作战中，具有其他任何军队所不可具备的优势，希望朝廷能将打南京的事情交给湘军。果然，曾氏如愿以偿。朝廷命曾氏统率以湘军为骨干的三路大军沿江东下，铺开与太平军交手的主战场。

到了这个时候，湘军已成为国内第一军事力量。曾氏通过三个步骤，已将湘军从无到有，从小到大，由弱到强地建立起来了。

四、在八方拂逆的困境中，曾氏以刚毅顽强之意志对付危局，终于迎来天时，走向成功

乘收复武汉的巨大军威，湘军迎来一段短暂的军事顺利时期。从9月中旬到10月中旬，湘军水陆两支人马连克兴国、大冶、蕲州、半壁山、田家镇等沿江重要城镇。不料，进入江西之后，局面变得艰难起来。从咸丰四年秋到咸丰七年春，两年半的时间内，曾氏陷在江西战场这个大泥坑里，一直没有出头之日。他到江西后瞄准的第一个目标是九江，但九江一直没打下。咸丰四年12月中旬，太平军引诱湘军水师先头部队进入鄱阳湖，将水师分割为外江内湖两部分，大大减弱了水师的战斗力。（水师被分割长达两年9个月，直到咸丰七年9月初，湘军攻克湖口县城，内外才合二为一。）十多天后的半夜，太平军又用火攻，焚烧曾氏左右的战船十多号，连曾氏本人坐的旗舰也被当作战利品拖去。曾氏愤然再次投水自杀，旋被救起。

此后，湘军在樟树镇、建昌府、抚州、景德镇等战役中连连失败。曾氏还在南昌、南康、吴城等地多次被太平军围困，有时一连围住几个月。曾氏派出的所有送信人均被太平军抓获。他对

朝廷说："道路阻梗，呼救无从。中宵急此，魂梦屡惊。"

这期间，曾氏又损失两员最为得力的助手。一为官居湖南提督的湘军陆军统领塔齐布，于咸丰五年 7 月死于九江城外军营，年仅 39 岁。一为湘军创始人之一、陆军另一统领罗泽南，咸丰六年 3 月战死于武昌城外，时年 50 岁。塔、罗之死，对曾氏的打击极大。

军事已经不利，而曾氏又与江西官场闹起冲突。因为筹粮筹饷和用人调军等事，曾氏与江西巡抚陈启迈矛盾重重。咸丰五年六月曾氏上奏参劾陈启迈。朝廷支持曾氏，将陈启迈连同按察使恽光宸一道革职。这次的情形与两年前在长沙与湖南官场对立一样，表面上看来是他占了上风，但实际上与地方官场结怨更深。曾氏与江西官场的裂缝一直修复不了，以后发生的沈葆桢与曾氏争银子的事，其根子就种在此时。

与官场不和，湘军的供给大受影响。粮饷不足，又直接挫伤士气，仗打得越来越不如法。直到咸丰六年，江西 14 个府，仍有 8 个府在太平军手里。咸丰七年 2 月初，曾氏接到父死讣告。他随即丢下江西这个烂摊子，回家奔丧。咸丰八年 6 月，曾氏再次出山，情形依然不妙。这年八月，湘军一支劲旅在安徽三河镇，遭到太平军的伏击，全军近七千人几乎全部丧生。统领李续宾及曾氏六弟曾国华未能幸免。经此打击，湘军的士气几乎跌入谷底。面对这种种内外交困的局势，曾氏虽有过牢骚，有过退缩，但他始终没有颓废，没有放弃。他一再以"好汉打脱牙和血吞"、"屡败屡战"、"男儿以懦弱无刚为耻"激励部下和亲属。

他鼓励部属要挺住。他说自己有《挺经》十八条，支撑他硬挺下去。在湘军最为困难的时候，曾氏依靠这种倔强不服输的气概和坚毅忍耐的精神渡过难关，终于迎来了天时。

咸丰十年闰三月，太平军一举踏破江南大营，然后以凌厉军威挥师南下，朝廷在苏南的行政机关和军事部署遭到毁灭性的打击。江南大营统领张国樑、和春都死在败逃途中，两江总督何桂清在常州弃城而逃，江苏巡抚徐有壬自尽。苏南重镇丹阳、常州、无锡、苏州、江阴、昆山、嘉定等全部落入太平军手中。朝廷在四顾无人的情况下任命曾氏为署理两江总督，并赏加兵部尚书衔，火速带兵救援江苏、浙江。从咸丰二年底组建湘军以来，到此时已是第 9 个年头，一直处于客寄虚悬状态的曾氏，终于有了地方实权。曾氏和湘军的军事困境也由此而基本结束。一年后，咸丰去世，慈禧掌权。慈禧调整咸丰对曾氏又用又疑、以湘制湘的政策，先是赏曾氏为太子少保衔，接着又命他节制江、皖、赣、浙四省，凡四省巡抚提镇以下文武官员，皆归曾氏调遣，不久又擢升为协办大学士。慈禧把整个东南战场都交给曾氏一人了。曾氏凭借这个权力，保举他的战友、幕僚沈葆桢、李续宜、左宗棠、李鸿章分别任江西、安徽、浙江、江苏四省巡抚，把东南四省的军政财文全部权力包揽把持于一身，迎来了江南战局的曾国藩时代的到来。终于在同治三年 6 月 16 日，打下南京，取得对太平军作战的决定性胜利。

五、在夺取天下第一功之后，曾氏面临的是外表风光无限而内里杀机四伏的微妙局势。他以功成身退为主旨，从容淡定地度过这段特殊时期

打下南京，这无疑是当时的第一等大事，十多年来湘军与太平军的交战，孰胜孰败，至此已成定局。6 月 16 日半夜，当湘军从太平门缺口冲进南京城内，在内城尚未拿下、要犯无一抓住之时，南京战役的前线总指挥——吉字营统领曾国荃便急不可待地向朝廷报捷。一个星期后，南京战火初熄时，曾国藩便会同官文等人，再次以六百里加紧红旗捷报向朝廷正式报喜。朝廷盼望捷报的心情，一点也不亚于曾氏兄弟，故而在接到的当天，便予以回报，在高度肯定的同时，也大赏有功之臣。封曾氏为一等侯爵，世袭罔替，并赏戴双眼花翎。曾国荃一等伯爵，赏双眼花翎。李臣典一等子爵，赏穿黄马褂，赏双眼花翎。萧孚泗一等男爵，赏双眼花翎。另有近百名吉字营将领获得朝廷封赏。同时发下银牌四百面，由曾氏兄弟分别赏给各立功将士。

同一天，又给主战场之外的其他有功将领颁赏。僧格林沁已晋封为亲王，无法再升，便加赏一贝勒，由其子领受。官文封一等伯爵，世袭罔替，并抬入正白旗满洲，赏双眼花翎。李鸿章封一等伯爵，赏戴双眼花翎。还有杨岳斌、彭玉麟、骆秉章、鲍超等重要将领都获重赏。又特别指出，待浙江全部肃清

后，再予重赏左宗棠。(三个月后，幼天王在江西被抓，左受封一等伯。）真可谓皇恩浩荡。据曾氏说，这次封赏规格之高，范围之广，超过了康熙年间的平三藩和乾隆年间的平准格尔回部。尤其是曾氏兄弟非皇亲国戚而同日以书生封侯封伯，史无前例。但这种无限风光，只是表面现象，背地却有着另一股与此极不协调的气氛，压在湘军集团尤其是立下第一功的吉字营将士们的心头。

首先是朝廷严厉指责曾国荃未能守住缺口，以至于让幼天王等人逃走，留下隐患，而左宗棠在打下杭州以后，十余万太平军突围出城，朝廷却并未指责。接下来又借御史贾铎请查明金陵城内金银一折，要曾氏随时申儆其弟等人"勿使骤胜而骄，庶可长承恩眷"。跟着又借户部名义，命曾氏造湘军成立以来历年军需报销单，随后又将曾氏后续的对立功将士的保举单一连七次予以打下。

朝廷这一连串的动作，令曾国荃心中极感压抑，打下南京后的他一直郁郁寡欢，以至于肝病发作。至于曾国荃的部下们，则更是一片恼怒，纷纷指责朝廷赏罚不公，过河拆桥，多种史册上都有关于劝曾国藩反叛朝廷自为皇帝的记载。但曾氏从来没有动过心，他自书"倚天照海花无数，流水高山心自知"联语，以此表明忠于朝廷的心迹。

不但不做皇袍加身之想，他还以"功成身退"来作为盖世之功后的思想和行动的指导宗旨。他的"退"字工程主要包括以下几点：

1. 推功让功，将功劳归于朝廷。他的报捷折里有一段广为传诵的著名文字："宫禁虽极俭啬，而不惜巨饷以募将士；名器虽极慎重，而不惜破格以奖有功；庙算虽极精密，而不惜屈己以从将帅之谋。皇太后皇上守此三者，悉循旧章而加之，去邪弥果，求贤弥广，用能诛除僭伪，蔚成中兴之业。"

令人注意的是，从那以后，曾氏终其一生，从未有过任何文字和语言，提及过他的这个"天下第一功"。甚至在其家人面前，他也只将这个功劳记在曾国荃一个人的身上，说曾国荃是替自己赚了个爵位，还替阿兄赚了一个爵位，是曾家的大功臣。

2. 劝曾国荃解甲归田。离别南京时，曾氏送弟联语：千秋邈矣独留我，百战归来再读书。

3. 在短短的几个月里，将湘军吉字营裁去百分之九十四。同时也陆续大批裁撤其他各营的湘军将士。自剪羽翼，向朝廷彻底表明自己的绝无二心。

4. 在当年 11 月就恢复中断十余年的江南乡试，以此赢得江南士子之心。

5. 迅速撤销为湘军筹饷的东征局、厘金局等各种临时税务机构，借以赢得民心。

通过这一系列的措施，大大消除了朝廷对湘军的猜疑和戒备，使得曾氏及其家族和整个湘军集团平安度过那段微妙的时期，避免历史上常见的兔死狗烹悲剧的再演。

六、具与时俱进之眼光，抱徐图自强之宏愿，曾氏揭开洋务运动的序幕，担负起时代赋与他的承先启后重任

作为军队的首领，曾国藩等人是那个时代对时局感受最为敏感的人物，这就是所谓“春江水暖鸭先知”。李鸿章所说的“三千年一大变局”这句话，最为准确地概括了那个时代的特点。曾国藩深知，中国在包括军火在内的器物制造方面已远远落后于外国，中国必须在这方面迎头赶上。把洋人的那一套学到手，才有可能使中国徐图自强。基于这样的认识，咸丰十年 11 月，曾氏在回答朝廷关于俄国帮助一事的咨询上，明确地表示：“目前资夷力以助剿济运，得纾一时之忧；将来师夷智以造炮制船，尤可期永远之利。”得到朝廷的明确答复后，第二年 12 月，曾氏在安庆建立一家名曰安庆内军械所的工厂。这是一座以西方生产方式制造武器弹药的兵工厂。它的诞生，标志着新型工业在中国的出现。对近代中国产生重大影响的洋务运动，由此揭开序幕。同治二年，曾国藩又会见美籍华人容闳，交给容 6 万 8 千两银子，委托他在美国代买机器，后来以这批机器为主，创办了江南制造总局。同治十年 7 月，曾氏又与李鸿章会衔，奏请朝廷选拔聪颖幼童去泰西各国学习科学技术，“约计十余年，业成而归，使西人擅长之技，中国皆能谙悉，然后可以渐图自强”。第二年 2 月，曾氏去世。再过一年，此项建议变为国策。从同治十二年到光绪

元年，每年派出30名，共计120名幼童远赴美国学习科技。这件事情被认为是“中华创始之举”、“古来未有之业”，对近代中国走出封闭走向世界所起的作用之重大是不言而喻的。

洋务运动由曾氏来揭开序幕，固然是时代的造就，而中国传统文化中与时俱进、兼收并蓄、经世致用等优秀品质，无疑是曾氏之所以具有此种识见的学养基础。我们从黎庶昌所撰的《曾国藩年谱》中可以看出，曾氏在京师时，便“详览前史，求经世之学”，又手抄国史馆所藏的河渠水利史料，又抄辑对盐课、海运、钱法、河堤等国计民生的实务有真知灼见的奏议。同时，曾氏还潜心研究地理学，于山川险要、河漕运输等尤为关注。正是这种求学务为经世的素养，导致他从接纳洋务走向自办洋务之路。

七、时人称曾氏在学理操持上有过“一生三变”的经历。剖析“一生三变”，其实质为：儒家为体，法、道为用

曾氏有个朋友，名叫欧阳兆熊。他在曾氏去世后不久，说过这样一段话：“文正一生凡三变……其学问初为翰林词赋，既与唐镜海太常游，究心儒先语录……在京官时，以程朱为依归，至出而为办理团练军务，又变而申韩。尝自称欲著《挺经》，言其刚也。咸丰七年，在江西军中丁外艰，闻讣，奏报后即奔丧回籍，朝议颇不为然。左恪靖在骆文忠幕中，肆口诋毁，一时哗然和之。文正亦内疚于心，得不寐之疾。予荐曹镜初诊之，言其岐

黄可医身病，黄老可医心病，盖欲以黄老讽之也……此次出山后，一以柔道行之，以至成此巨功，毫无沾沾自喜之色。"欧阳兆熊"一生三变"这段话，是对曾氏的一个重要评议，常被后人提及，广受研究者的瞩目。

所谓的"一生三变"，是指曾氏一生在学理操持上曾有三次大的变化。第一次，指曾氏早期做京官时，由辞赋之学变为程朱之学，即由文人转变为儒家信徒。第二次，指曾氏在原籍办团练，由程朱之学变为申韩之学，即由文职京官转变为法家军事统帅。第三次，指曾氏咸丰七年守父丧时，梳理几年来的经历，明白了许多道理，由申韩之学再次转变为道家信奉者。

这个"一生三变"，指出曾氏一生中有几个大的变化，以及某一段时期在表现形式上或宗儒，或宗法，或宗道。这个说法，应该说是较为准确的。中国传统学问涵盖诸子百家，其中尤为重要的是儒家、法家和道家三个流派。儒家以仁养心，以礼治国，以中庸为原则，的确有其正大恒远的一面。它之所以能成为主流学说是有其道理的。它最宜于个人和团队的基础性、整体性的打造。法家以利为趋使，以法治国，以严酷为手段。它的优势在个别和短期上，最宜于快速成事。道家以自在为目的，以无为治国，以顺应自然为方式。它的优势在一个"无"字上，最宜于养心。

曾氏的"一生三变"，既是他个人的亲身经历，也带有一定程度的普遍性。31 岁的年轻翰林，怀抱着经邦济世的宏大愿望，在为自己一生做规划的时候，自然而然会选择儒家"修身、齐家、治国、平天下”这一套完整而严谨的学说体系。这个时候，担当天下所需要的各种储备，显然比单纯的文章诗词更为重要。在那样一个混乱无序、弱肉强食的世道，要办成扭转乾坤的大事，没有强悍铁腕的手段是绝对不可能的。任何一个虔诚的儒家信徒，只要是不空谈性理而走出书斋办实事，都一定会借鉴与采纳法家的做法。但是，法家那一套过头了，又很容易造成拔苗助长、欲速不达、刻薄寡恩、众叛亲离等后果，若一旦在挫折中深刻反省后，则又易于接受道家顺其自然、以柔克刚的理论。曾氏青年立用世之志、中年不惧恶名办团练与晚年游心于老庄，所走过的这条道路是很具有代表性的。它之所以广受后人的关注，正是因为具有普遍性的启迪价值。但我们细细剖析曾国藩一生的学理操持，仍然可以清楚地看到，儒家学说才是他立身的根本，法家也好，道家也好，都不过是为其所用而已。临终的前一年，他为两个儿子写下了一段近于遗嘱的文字。这段文字，既是对儿子的要求，也是他自己一生苦苦追求的精神价值之所在。他所提出的四个方面的希望：一曰慎独，二曰主敬，三曰求仁，四曰习劳，其理论依据完全来自儒家典籍。

八、传统文化对曾氏的局限

以儒家学说为主体的中国传统经典文化，两千多年来，塑造了中国的精英人群和民族的主体品格。毫无疑问，它是优秀的杰出的文化，是中华民族为世界文明所作出的伟大贡献。但这种文化有很大的局限性。曾国藩身上的弱点，所折射的正是这种传统经典文化的局限。

曾氏这个人给我最大的感觉，是他活得太累。太累，表现在他的目标太高远、责任太沉重、持身太刻板。他以圣贤为目标，所定的目标太高远。他以陶铸世风为责任，所担的责任太沉重。他以楷模来自我要求，他的持身必然刻板。而之所以这样，都源于他不走样地践行经典的结果。这也正是传统经典文化的局限：陈义太高。

曾氏给我又一个突出的感觉，是束缚太多。他严格地遵循三纲五常的礼教，又非常在意自己的社会形象，从而给他的束缚太多。他的内心多压抑，多痛苦。他明知他的大女婿极其荒唐不成器，但硬是逼着大女儿离开娘家回到婆家去，服侍公婆、丈夫。结果一个好端端的侯门长女，就这样苦闷忧郁而死，年仅 29 岁。他自己也为女儿的命运而深感痛苦。处理天津教案，其大计方针原本并无大误，但遭到社会指责后，他也便"外惭清议，内疚神明"，终于因此身心交瘁，一年多后便去世了。这也正是传统经典文化的局限：约束过分。

曾氏令我感到遗憾之处，是器局欠恢廓。晚年的曾氏身处高位，且享盛誉，本可为国家做更多的事情，有更大的作为，比如他亲手开创的洋务运动，就有许多事可做。但遗憾的是，晚年的曾氏精神萎顿。他在被朝廷授予大学士的时候，给其弟的信中居然这样写道："人以极品为荣，吾今实以为苦恼之境。然时势所处，万不能置身事外，亦惟有做一日和尚撞一日钟而已。”这时的曾氏，想得更多的是如何保住一生的令名，几乎再无开拓进取的想法。这固然与他晚年多病有关，但传统经典文化的保守实质，对他的影响更为重要。

还有一点，曾氏很看重含浑。他提倡的八德中，其中一德便是“浑”。他对别人说，一个人应当“是非了然于心，而一毫不露”。这里说的就是含浑。他还说谦卑含容是贵相，含容也就是含浑的意思。在曾氏看来的这种美德，在人与人的交往中，则更容易被视为“世故”、“圆滑”、“城府”，有失光明磊落。这其实也是传统经典文化的一个缺陷：太过于注重含蓄、内敛。

过细地解剖曾国藩，还可以发现他身上存有不少弱点、缺陷，而透过这些，又可以看到中国传统经典文化自身的负面影子。

纵观三千年中国文明史，可知曾国藩乃传统文化最引以为荣的人物之一，尤其是儒家所期盼的“修、齐、治、平”，在曾氏身上得到几近完美的体现。我们可以通过曾氏，看到传统文化是如何陶铸人的精神世界，规范人的外在作为的；另一方面也可以借助曾氏这个人，来形象地了解究竟什么是中国传统文化。理论是灰色的，生命之树长青，只有鲜活的人才具有永恒的魅力。我想，这便是十多年来，在弘扬传统优秀文化的大背景下，“曾国藩”久热不衰的真正原因。

（本文根据唐浩明 2009 年 8 月 29 日在中央国家机关“强素质，作表率”读书活动主题讲坛上的讲座内容整理）

主讲人：朱佳木

朱佳木，籍贯江苏南通。1946年出生。毕业于中国人民大学中共党史系。1975年调入国务院政治研究室理论组。先后在天津港务局、中国社会科学院研究生院、中共中央文献研究室、中共中央党史研究室担任领导职务。2000年12月至今任中国社会科学院党组成员、副院长，当代中国研究所党组书记、所长。主要研究方向为中华人民共和国史和陈云生平与思想。

党的十一届三中全会及其在当代中国史上的伟大意义

党的十一届三中全会及其在当代中国史上的伟大意义

党的十一届三中全会（以下简称三中全会或全会），既是历史，也是现实。说它是历史，因为它距今已30年；说它是现实，因为它至今还在我们的政治生活中发挥着巨大作用，还在不断为人们所谈论、所纪念，还在作为党和国家校正前进方向的基准点。

改革开放是三中全会揭开序幕的，中国特色社会主义道路是以三中全会为起点开辟的，建国以来党的历史和当代中国史上具有深远意义的伟大转折是在三中全会上实现的。对此，人们早已了解，并形成广泛共识。但是，这一转折是怎么实现的，是在什么意义上讲的？对于这些问题，人们的了解仍然不够具体，认识也没有那么统一。

一、三中全会及此前中央工作会议的成果和特点

（一）关于两个会议的主要成果

全会及此前的中央工作会议的主要成果，从三中全会公报上看，可以归纳为六条，即：第一，决定把全党工作的着重点从1979年起转移到社会主义现代化建设上来；第二，讨论了国际形势和外交工作，同意党和政府的对外政策；第三，讨论并原则通过了关于加快农业发展问题和1979、1980两年国民经济计划的安排；第四，审查和解决了历史上遗留的一大批重大问题，重新评价了一些重要领导人的功过是非问题；第五，决定在党的生活和国家生活中加强民主，明确党的唯物主义的思想路线；第六，加强和充实了党中央领导机构，成立了中央纪律检查委员会，增选陈云为中央政治局常委、中央委员会副主席、中纪委第一书记，邓颖超、胡耀邦、王震为中央政治局委员，增补黄克诚等九人（宋任穷、胡乔木、习仲勋、王任重、黄火青、陈再道、韩光、周惠）为中央委员。

十一届六中全会又根据党和国家政治生活出现的新进展（主要是华国锋不再担任党中央主席），在《关于建国以来党的若干历史问题的决议》（以下简称《历史决议》）中，从新的认识高度，将三中全会主要成果明确概括为八条，即：第一，结束了1976年10月以来党的工作在徘徊中前进的局面，开始全面地认

真地纠正"文化大革命"中及其以前的"左"倾错误；第二，坚决批判了"两个凡是"的错误方针，充分肯定了必须完整地、准确地掌握毛泽东思想的科学体系；第三，高度评价了关于真理标准问题的讨论，确定了解放思想、开动脑筋、实事求是、团结一致向前看的指导方针；第四，停止使用了"以阶级斗争为纲"的口号，作出了把工作重点转移到社会主义现代化建设上来的战略决策；第五，提出了注意解决好国民经济重大比例严重失调的要求，制订了关于加快农业发展的决定；第六，着重提出了健全社会主义民主和加强社会主义法制的任务；第七，审查和解决了党的历史上一批重大冤假错案和一些重要领导人的功过是非问题；第八，增选了中央领导机构的成员。《决议》在列举了这八大成果后写道："这些在领导工作中具有重大意义的转变，标志着党重新确立了马克思主义的思想路线、政治路线和组织路线。"

30 年后的今天，如果回过头对三中全会的成果再作进一步归纳的话，我认为其中最重要的成果有两个：一是重新确立了党的马克思主义的路线，二是形成了以邓小平为核心的第二代中央领导集体。说三中全会实现了当代中国史上的伟大转折，主要根据即在于此。

邓小平在 1989 年 6 月十三届四中全会之前说过："党的十一届三中全会建立了一个新的领导集体，这就是第二代的领导集体。在这个集体中，实际上可以说我处在一个关键地位。"[①] 三中全会闭幕时，中央政治局常委一共有 6 个人，主席是华国锋，副

① 《邓小平文选》第 3 卷，人民出版社 1993 年版，第 309 页。

主席是叶剑英、邓小平、李先念、陈云、汪东兴。由于会议否定了“两个凡是”的方针，所以，中央工作的实际主导权已从华国锋手中转移到了邓小平手中。另外，汪东兴在会议期间作了书面检查，提出了辞职的请求，并在不久后召开的十一届五中全会上被批准辞职。到了十一届六中全会前夕，华国锋也提出请求辞去中央主席和中央军委主席，并得到会议同意。所以，邓小平所讲的三中全会建立的新的中央领导集体，是指也只能是指邓小平、陈云、叶剑英、李先念。邓小平在十三届四中全会之后明确说：“从我们党的十一届三中全会以后，开始产生了第二代领导集体，包括我在内，还有陈云同志、李先念同志，还有叶帅。”①

对于三中全会路线，曾有过各种各样的表述。党的十三大之前虽然没有把它概括为“一个中心、两个基本点”，但从三中全会公报上看，这些基本意思已经有了。例如，公报提出：在思想上，完整准确地掌握毛泽东思想的科学体系，在马列主义、毛泽东思想的指导下，解放思想，研究新事物、新问题，坚持实事求是，一切从实际出发；在政治上，把全党工作重点和全国人民的注意力转移到社会主义现代化建设上来，根据新的历史条件和实践经验，对经济体制和经营管理方法着手改革，在自力更生的基础上积极发展同世界各国的经济合作，努力采用世界先进技术和先进设备，同时不放松同极少数反革命分子和刑事犯罪分子的阶级斗争，不削弱无产阶级专政，不允许损害安定团结的政治局面；在组织上，健全党的民主集中制，健全党规党法，严肃党

① 《邓小平年谱（1975—1997）》下，中央文献出版社 2004 年版，第 1295 页。

纪，强调党中央和各级党委的集体领导，保障党员在党内对上级领导直至中央常委提出批评意见的权利，党的各级领导干部必须带头严守党纪。特别是三中全会之后，党中央为了正确贯彻解放思想的方针，及时重申坚持四项基本原则，明确提出实行改革开放的总方针，"一个中心、两个基本点"的意思更加凸显出来。三中全会的组织路线在会后也有进一步的发展，其中最重要的发展是，要在政治合格的前提下，使干部队伍做到年轻化、知识化、专业化，并使选拔中青年干部的工作制度化。

由此可见，三中全会确定的马克思主义路线，是指在坚持四项基本原则、加强精神文明建设的前提下，通过改革开放，促使生产力不断发展，实现社会的全面进步，最大限度地满足人民的物质需要和精神需要，巩固和发展社会主义制度；而不是相反，搞什么指导思想多元化、经济制度私有化、政治体制西方化，使中国纳入资本主义的发展轨道，融入资本主义的体系。搞清楚这一点，才能搞清楚什么叫十一届三中全会的路线，什么叫坚持十一届三中全会以来的路线不动摇。

（二）关于两个会议的基本特点

首先，议题中途发生了违反主持人意愿的改变。中央工作会议开始前发出的通知和开始时由党中央主席华国锋宣布的议题，都是讨论《关于加快农业发展速度的决定》和《农村人民公社工作条例（试行草案)》，商定 1979、1980 年国民经济计划安排，学习李先念在国务院务虚会上的讲话；只在进入正式议题前，用两三天时间讨论从1979年1月起把全党工作着重点转移到社会主义现代化建设上来的问题。但是，会议刚进入第3天，陈云便率先在小组会上发言，指出实现四个现代化是全党和全国人民的迫切愿望，安定团结也是全党和全国人民关心的事，现在干部、群众对党内是否能安定团结有顾虑。接着，他提出了6个影响大或涉及面广、需要由中央考虑决定的冤假错案和问题，如薄一波等六十一人所谓叛徒集团案，陶铸、王鹤寿的历史遗留问题，彭德怀的骨灰安放问题，天安门事件的平反问题，康生的严重错误问题等。这些问题都是当时最为敏感，也是大家最为关心但又不便于说的问题。因此，这篇发言在简报全文刊出后，立即引起强烈反响，起到了扭转会议方向的作用。代表们纷纷表示赞成他的意见，同时加以发挥和补充。华国锋在紧接着召开的第二次全体会议上，要求会议由讨论工作重点转移问题转入讨论农业文件。但代表们并没有照他的要求办，而是依旧热烈讨论重大历史遗留问题，并且延伸到了关于真理标准大讨论中出现的不正常情况，对“两个凡是”的提法和中央个别领导同志的意见，对中央和中央宣传领导部门人事调整的建议等重大现实问题。

鉴于会议形势发生的巨大变化，在会议开始不久后出访回国的邓小平，与叶剑英、李先念等中央政治局常委一起，力促华国锋代表中央政治局，在第三次全体会议上对与会代表所提问题一一作了答复，宣布对天安门事件、“二月逆流”、薄一波等六十一人所谓叛徒集团案、彭德怀问题、陶铸问题、杨尚昆问题予以平反，决定撤销有关“反击右倾翻案风”的全部文件，将康生、谢富治的问题交由中央组织部审理，对地方性重大事件问题交由地方自行解决。这次会后，胡乔木在小组发言中又提出，真理标准问题已在一定意义上成为了政治问题，建议华国锋能对这一问题的讨论也作一个结论，以便统一全党思想，澄清国内外各种猜测。于是，华国锋在第四次全体会议（即中央工作会议闭幕会）上，又就“两个凡是”的提出作了自我批评，对没有能及时解决在真理标准讨论中的分歧作了解释。

会议对原有议题的突破和取得的进展，使邓小平会前请胡乔木就党的工作重点转移问题为他准备的讲话稿显得不再适用。会议临近结束时，他针对会议内外出现的新情况，亲自草拟了讲话提纲，提出解放思想是当前一大政治问题，民主是解放思想的重要条件，处理历史遗留问题为的是团结一致向前看，要研究经济建设上的新情况，解决经济管理方法、管理制度改革上的新问题等。这篇后来题为《解放思想，实事求是，团结一致向前看》的重要讲话，从思想路线的高度对工作会议作出了深刻总结，为全党指明了改革开放的大方向，受到与会代表的一致拥护，并列入三中全会的学习文件，成为全会事实上的主题报告。

三中全会原定议题是审议通过中央工作会议讨论后提交的关于农业问题的两个文件和1979—1980年的计划安排，选举产生中央纪律检查委员会。但实际上除上述内容外，主要是确认中央工作会议取得的一系列重要成果。

其次，会议持续的时间长，解决的问题数量多、分量重。

中央工作会议于1978年11月10日开始，原定开20多天。三中全会原定与中央工作会议间隔十来天，在12月10日开，会期3天。但工作会议讨论十分热烈，不断有新问题提出，使会议结束时间一延再延，实际开了36天。全会则在工作会议结束2天后召开，会期也比原计划延长了2天。两个会加在一起共41天，把它们合起来看，大体可以分为三个阶段。

第一阶段从11月12日陈云在小组会上发言算起，到11月25日华国锋在第三次全体会议上宣布对一系列重大历史遗留问题的平反决定，共14天，可以看作是发动阶段。其间主要讨论历史遗留问题，也涉及对个别中央领导同志的批评。

第二阶段从11月26日到12月13日，共18天。可以看作是深入阶段。其间主要是开小组会，议论真理标准大讨论中出现的种种不正常情况，对中央个别领导提意见，对中央领导机构和中央宣传领导部门的人事安排提建议。

第三阶段从12月13日下午邓小平在中央工作会议闭幕会上发表重要讲话，到12月15日下午工作会议结束；再从12月17日三中全会召开小组召集人会议到12月22日全会闭幕，共7天，可以看作是总结阶段。其间主要讨论邓小平的重要讲话，酝酿增选、增补中央领导机构成员的名单，同时继续发表前两个阶段没有讲完的意见。

再次，会议气氛生动、活泼、热烈，真正做到了面对面地开展批评与自我批评。

会议开始时，还有扣压简报的事情发生，但当代表提出意见后，情况很快变了，基本做到了代表们畅所欲言，直言不讳；简报有闻必录，印发及时。邓小平的重要讲话在评价中央工作会议时指出："这次会议讨论和解决了许多有关党和国家命运的重大问题。大家敞开思想，畅所欲言，敢于讲心里话，讲实在话。大家能够积极地开展批评，包括对中央工作的批评，把意见摆在桌面上。一些同志也程度不同地进行了自我批评。这些都是党内生活的伟大进步，对于党和人民的事业将起巨大的促进作用。"① 陈云在全会闭幕会上的即席讲话中也说："三中全会和此前的中央工作会议开得很成功……真正实现了毛泽东所提倡的又有集中又有民主，又有纪律又有自由，又有统一意志，又有个人心情舒畅、生动活泼的那样一种政治局面……一九五七年以后，由于种种干扰，毛泽东提出的这种心情舒畅、生动活泼的政治局面很多年没有实现。这一次党中央带了个好头，只要大家坚持下去，就有可能在全国实现。"② 他们这些话，高度概括了会议的真实情况。

在中共党史和中国当代史上，同时具有以上三个特点的会议，即便不是绝无仅有，也是极其少有的。正是这些特点，构成了三中全会成为中国当代史上伟大转折的直接原因。它说明，三中全会的胜利并非自然而然取得的，而是与会的大多数高级干部在老一辈无产阶级革命家带动、支持下，充分发扬党内民主和党的实事求是、群众路线、批评与自我批评作风，通过积极的思想

---

① 《邓小平文选》第2卷，人民出版社1994年版，第140—141页。
② 《陈云年谱》下卷，中央文献出版社2000年版，第231页。

斗争争取到的。

二、三中全会及此前中央工作会议的历史必然性

三中全会前的中央工作会议议题，主要不是全会公报所讲的那些内容；会议之前，中央起码是中央主要负责人，并没有打算开成那样一个会；出席会议的代表起码是绝大多数代表，事先也没有想到会议会开出那样一个结果。那么，这是否意味着三中全会实现的伟大转折是偶然的、突发的，是可能发生也可能不发生的呢？应当说，转折发生在 1978 年 11 月，发生在三中全会及此前的中央工作会议，带有一定的偶然性。但是，如果把它和“文化大革命”中的一系列事件联系起来，把它放在粉碎“四人帮”后国内国际、党内党外、主观客观的大背景下来分析，就会看出，这个转折绝不是偶然的、突然的，而是老一辈革命家和党内正确力量的努力与国内外形势变化共同作用的必然结果，是顺理成章、水到渠成、瓜熟蒂落、不以人的意志为转移的，是人心之所向、大势之所趋，或迟或早总要发生的。即使那次会议未能实现这一转折，此后的会议也一定会实现这一转折。

（一）转折的客观条件

三中全会召开前的两年，揭发、批判、清查江青反革命集团

及其帮派体系的运动取得了很大成绩，党和国家组织的整顿、冤假错案的平反也得到了部分进行。但作为党中央主要负责人的华国锋，不仅未能顺应党心民心，认真纠正“文化大革命”的错误理论、政策和口号，系统清理在党内已持续很长时间的“左”的指导思想，反而提出并推行“两个凡是”的错误方针，压制1978年开展的对拨乱反正具有重大意义的关于真理标准问题的讨论，一再拖延和阻挠恢复包括邓小平在内的一大批老干部的工作和平反包括天安门事件在内的一大批历史上的冤假错案，并在继续维护旧的个人崇拜的同时制造新的个人崇拜，严重挫伤了广大干部群众在粉碎“四人帮”后焕发出的社会主义积极性，引起党内外同志的广泛不满。因此，要求尽快解决天安门事件平反和“文化大革命”及此前一系列重大历史遗留问题，重新评价党和国家许多领导人的功过是非，肯定实践是检验真理的唯一标准，改正“两个凡是”的错误方针，以及调整各方面社会关系、调动一切积极因素投身四化建设的呼声，变得日益强烈。

那两年，大部分地区工矿企业生产和交通运输的混乱状况已被制止，国民经济开始从瘫痪、半瘫痪的状态中走了出来。但华国锋在严重失调的国民经济重大比例关系尚未理顺的情况下，又提出许多不切实际的高指标和根本不可能实现的大口号，使积累与消费的关系进一步失衡，违背了人民要求尽快改善生活的强烈意愿，犯了急于求成的急躁冒进错误。他虽然看到了国外技术的进步和中美、中日关系解冻后西方在对华贸易、投资方面出现的新形势，提出要引进国外先进技术设备和举借外债，但不考虑国内对引进的配套和消化能力，也不考虑还债的能力，片面突出钢铁、石油、化工等重工业部门，追求高速度、高积累、高投资，同样是急躁冒进思想支配下的表现。这一切都迫切要求在经济工作中认真清理“左”的指导思想，对国民经济进行一次重大比例关系的调整。另外，农村人民公社“政社合一”的经营管理体制，国家对粮食征购下达的过重任务，制约了农民生产积极性的发挥和农业生产力的提高，一亿多农民有待解决温饱问题。在城市，“文化大革命”期间由于实行上山下乡政策而累积的约一千多万知识青年有待返城安排就业，加上其他新生劳动力的出现，使国家已无法单靠国有企事业单位满足就业需求；原有的高度集中的计划经济体制和政企不分、所有权经营权不分的经营方式，也已到了非改变不可的程度。这一切，都在客观上呼唤对经济体制、所有制结构进行必要的改革。

（二）转折的主观条件

三中全会召开前的头两年，通过部分平反冤假错案，使许多“文化大革命”中被打倒或靠边站的老干部回到了领导岗位；通过真理标准讨论和“两个凡是”方针、按劳分配问题、经济管理体制问题的争论，使实事求是、理论联系实际、一切从实际出发的原则和民主集中制的原则得到很大宣传，逐渐形成了有利于克服“两个凡是”的错误、将党的工作重点转移到经济建设上、对国民经济进行调整、实行改革开放方针的舆论氛围。这一切，为三中全会的胜利召开做好了充分的组织准备和思想准备。正因为如此，陈云那篇改变了中央工作会议议程的发言，才可能取得一呼百应的效果；邓小平在会议期间的运筹帷幄、因势利导，尤其是他在中央工作会议闭幕会上的重要讲话，才可能发挥出巨大作用。正因为如此，邓小平才会在1980年初中央召开的干部会议上指出："粉碎'四人帮'以后三年的前两年，做了很多工作，没有那两年的准备，三中全会明确地确立我们党的思想路线、政治路线，是不可能的。所以，前两年为三中全会做了准备。"[①]

三、三中全会的历史意义

（一）三中全会实现的转折不是党的领导工作一般意义上的转变

自从新中国建立后，我们党曾有过多次工作重点的转移、指导思想的转变、发展战略的转折。其中有的正确反映了当时客观实际情况的变化，有的则被实践证明是脱离实际的；有的转得比较顺利，有的则因为种种原因转得不够顺利，甚至中途出现反复。与以往相比，三中全会作出的关于全党工作重点转移的决定，无疑带有更根本的性质；实现的党的指导思想的转变和发展战略的转折，也无疑比以前深刻得多。究其原因，除了国内国际

① 《邓小平文选》第2卷，人民出版社1994年版，第242页。

形势的变化外，主要在于这次转移、转变、转折，是建立在对社会主义社会以下两个新的认识基础之上的。

首先，建立在对社会主义社会主要矛盾的新认识上。

三中全会前的中央工作会议上，大家对中央政治局关于党的工作着重点转移的决定一致拥护，没有提出任何疑问。但是，在对工作重点转移的解释上则是有分歧的。华国锋在开幕时的讲话中说，重点转移是“国内国际形势的需要”，并提出要“在新时期总路线和总任务的指引下”实现重点转移。所谓“新时期总路线和总任务”，其重要内容之一就是坚持“以阶级斗争为纲”的社会主义历史阶段的基本路线和坚持无产阶级专政下的继续革命。这种解释，受到了与会代表的质疑。胡乔木在会议进入小组讨论后的第二天发言说：把工作重点的转移讲成是形势的需要，这个理由不妥。应该说，无产阶级在夺取政权以后，就要把工作重点转到经济建设上。建国后，我们已开始了这种转移，但是没有坚持住，这次转移是根本性的转移，而不是通常意义上的转移。不能给人一种印象，似乎今天形势需要，就把工作重点转过来，明天不需要了，还可以再转回去。除了发生战争，今后一定要把生产斗争和技术革命作为中心，不能有其他的中心。这篇发言被简报全文刊出后，得到了大多数与会者的赞同。

邓小平在中央工作会议闭幕会上的重要讲话，对工作重点转移问题作了更为精辟的阐述。他说：政治路线的问题解决了，今后看一个部门领导得好不好，应该主要看劳动生产率提高了多少，利润增加了多少，劳动者的个人收入和集体福利增加了多少。“这就是今后主要的政治。离开这个主要的内容，政治就变成空头政治，就离开了党和人民的最大利益。”[①] 三中全会公报吸收了邓小平讲话的精神，指出：“毛泽东同志早在建国初期，特别在社会主义改造基本完成以后，就再三指示全党，要把工作中心转到经济方面和技术革命方面来。”“正如毛泽东同志所说，大规模的急风暴雨式的群众阶级斗争已经基本结束，对于社会主义社会的阶级斗争，应该按照严格区别和正确处理两类不同性质的矛盾的方针去解决，按照宪法和法律规定的程序去解决”。[②] 这里虽然没有明确停止使用“以阶级斗争为纲”的提法，但这个意思显然已经有了。正是这一认识，赋予工作重点转移的命题以更大的科学性、稳定性，使它具有了更强的生命力。

三中全会闭幕后不久，邓小平在理论工作务虚会上的讲话中对社会主义基本矛盾、主要矛盾的理论作了进一步阐发。他指出，毛泽东在《关于正确处理人民内部矛盾的问题》一文中提出生产关系和生产力、上层建筑和经济基础矛盾问题，“从二十多年的实践看来，这个提法比其他的一些提法妥当。至于什么是目前时期的主要矛盾，也就是目前时期全党和全国人民所必须解决的主要问题或中心任务，由于三中全会决定把工作重点转移到社会主义现代化建设方面来，实际上已经解决了。”[③] 他还指出：“社会主义社会中的阶级斗争是一个客观存在，不应该缩小，也不应该夸大……社会主义社会目前和今后的阶级斗争，显然不同

---

① 《邓小平文选》第2卷，人民出版社1994年版，第150页。
② 《三中全会以来重要文献选编》上，人民出版社1982年版，第3、5页。
③ 《邓小平文选》第2卷，人民出版社1994年版，第182页。

于过去历史上阶级社会的阶级斗争，这也是客观的事实，我们不能否认，否认了也要犯严重的错误。”① 他的这些论述，更加深入地分析了在社会主义时期沿用“以阶级斗争为纲”口号的错误性，为全党工作重点的转移提供了科学的理论依据。

其次，建立在对社会主义社会管理体制的新认识上。

这里说的管理体制，既包括经济体制，也包括政治体制；既包括国内的经济体制，也包括对外经济联系的体制。新中国成立后一度实行高度集中的计划经济体制，有在“一穷二白”基础上加快工业化建设的客观需要，也有对苏联经验的盲目学习和对马克思主义创始人关于未来社会可以自觉按比例发展国民经济思想的不准确理解；有用较短时间初步建立起独立完整工业体系和国民经济体系的丰功伟绩，也有经济效益不高、对市场反应不灵活、人民生活不够丰富多样等弊端。在对外经济联系上，由于西方的全面禁运和经济封锁，建国初期只能与苏联和其他社会主义国家进行贸易和经济技术合作；以后与苏联关系破裂，对资本主义国家的贸易开始增加，但总体规模也不大。在政治体制上，建国后长期延续战争年代的做法，实行党的一元化领导，造成党政不分、政企不分；对民主与法制建设不重视，基本处于无法可依的状况。尤其“文化大革命”期间，经济上越统越死，对外经济联系的门越关越小，民主集中制的原则被严重破坏，连《宪法》规定的公民权利也得不到保障。粉碎“四人帮”后，开始从经济与政治管理体制的层面上思考过去的问题，提出了一系列新观

① 《邓小平文选》第2卷，人民出版社1994年版，第182页。

点、新思想、新理论，逐步澄清了对社会主义的许多不准确的认识。邓小平和中央其他领导同志早在三中全会之前就已提出了一些改革和开放的思想。例如，邓小平曾指出："引进先进技术设备后，一定要按照国际先进的管理方法、先进的经营方法、先进的定额来管理，也就是按照经济规律管理经济。一句话，就是要革命，不要改良，不要修修补补。"① 又例如，陈云在长期思考计划与市场关系这个经济体制改革核心问题的基础上，于三中全会前后提出了"计划经济与市场经济相结合"的命题。正因为有这样的认识，工作会议才可能对经济体制和对外经济合作进行深入讨论，全会公报才可能提出对经济体制和经营管理方法着手改革，在自力更生的基础上积极发展同世界各国的经济合作。

邓小平和中央其他领导同志在三中全会前，对政治体制也提出了一些改革的思想。例如，邓小平在三中全会前指出："现在关于民主问题的讨论不够，这个问题很重要，要展开讨论。""法制确实需要建立和健全，民法、刑法要搞，但都没有搞成。……现在是领导人说的话就叫法，不赞成领导人说的话就叫违法，这种状况不能继续下去了。"② 正因为有这样的认识，三中全会才可能对民主和法制问题进行认真的讨论，全会公报才可能写上："当前这个时期特别需要强调民主，强调民主和集中的辩证统一关系，使党的统一领导和各个生产组织的有效指挥建立在群众路线的基础上……宪法规定的公民权利，必须坚决保障，任何人不

① 《邓小平文选》第2卷，人民出版社1994年版，第129—130页。
② 《邓小平年谱（1975—1997）》上，中央文献出版社2004年版，第394页。

得侵犯。为了保障人民民主，必须加强社会主义法制，使民主制度化、法律化，使这种制度和法律具有稳定性、连续性和极大的权威，做到有法可依，有法必依，执法必严，违法必究……要保证人民在自己的法律面前人人平等，不允许任何人有超于法律之上的特权。”①

以上对社会主义社会主要矛盾和管理体制问题的新认识，不仅与“文化大革命”时期的认识相对立，而且与“文化大革命”之前的认识也有很大不同。这种认识上的不同，使三中全会实现的转折与以往的转折产生了重要区别。看不到这种变化，混淆它们之间的区别，就难以理解三中全会所开辟的中国特色社会主义“特”在哪里，难以说清楚为什么三中全会是当代中国史上的伟大转折。

（二）三中全会实现的转折不是社会主义基本制度与社会性质的转变

现在有一种观点，把三中全会与1911年的辛亥革命相提并论，说它们是中国近代以来两个最伟大的事件；或者把三中全会前后的两个历史时期与1840年至1949年的历史相提并论，说它们并列构成了中国的近代史、现代史和当代史。这种观点从表面上看，似乎在抬高三中全会的历史地位，但由于它无视和抹杀中华人民共和国成立在中国历史上的划时代意义，割裂三中全会前

① 《三中全会以来重要文献选编》上，人民出版社1982年版，第10—11页。

后两个历史时期在社会形态上的内在一致性，因此必然是违背历史实际的主观臆造，在实质上贬低了三中全会。对此，只要看看三中全会及三中全会以来我们党对待以下两个问题的态度便清楚了。

首先，在对待社会主义制度不完善的问题上。

早在三中全会上，我们党就明确，改革是为了挽救社会主义，使社会主义事业得以继续发展，而不是要取消社会主义。邓小平在中央工作会议闭幕会重要讲话中指出："如果现在再不实行改革，我们的现代化事业和社会主义事业就会被葬送。"① 全会公报也号召全党、全军、全国各族人民，"为在本世纪内把我国建设成为社会主义的现代化强国而进行新的长征。"② 会后，邓小平又在理论工作务虚会的讲话中指出："我们过去对民主宣传得不够，实行得不够，制度上有许多不完善，因此，继续努力发扬民主，是我们全党今后一个长时期的坚定不移的目标。但是我们在宣传民主的时候，一定要把社会主义民主同资产阶级民主、个人主义民主严格地区别开来，一定要把对人民的民主和对敌人的专政结合起来……如果离开四项基本原则，抽象地空谈民主，那就必然会造成极端民主化和无政府主义的严重泛滥，造成安定团结政治局面的彻底破坏，造成四个现代化的彻底失败。"③ 他在1980年初所作《目前的形势和任务》的报告中又说："现在，特别是在青年当中，有人怀疑社会主义制度，说什么社会主义不如

① 《邓小平文选》第2卷，人民出版社1994年版，第150页。
② 《三中全会以来重要文献选编》上，人民出版社1982年版，第5页。
③ 《邓小平文选》第2卷，人民出版社1994年版，第176页。

资本主义，这种思想一定要大力纠正。社会主义制度并不等于建设社会主义的具体做法。苏联搞社会主义，从一九一七年十月革命算起，已经六十三年了，但是怎么搞社会主义，它也吹不起牛皮。我们确实还缺乏经验，也许现在我们才认真地探索一条比较好的道路。但不管怎么样，社会主义制度的优越性已经得到了证明，不过还要证明得更多更好更有力。我们一定要、也一定能拿今后的大量事实来证明，社会主义制度优于资本主义制度。”①

其次，在对待毛泽东晚年错误的问题上。

邓小平在中央工作会议闭幕会的重要讲话中说：“最近国际国内都很关心我们对毛泽东同志和对文化大革命的评价问题。毛泽东同志在长期革命斗争中立下的伟大功勋是永远不可磨灭的。回想在一九二七年革命失败以后，如果没有毛泽东同志的卓越领导，中国革命有极大的可能到现在还没有胜利，那样，中国各族人民就还处在帝国主义、封建主义、官僚资本主义的反动统治之下，我们党就还在黑暗中苦斗。所以说没有毛主席就没有新中国，这丝毫不是什么夸张。毛泽东思想培育了我们整整一代人。我们在座的同志，可以说都是毛泽东思想教导出来的。没有毛泽东思想，就没有今天的中国共产党，这也丝毫不是什么夸张。毛泽东思想永远是我们全党、全军、全国各族人民的最宝贵的精神财富。我们要完整地准确地理解和掌握毛泽东思想的科学原理，并在新的历史条件下加以发展。当然，毛泽东同志不是没有缺点、错误的，要求一个革命领袖没有缺点、错误，那不是马克思

① 《邓小平文选》第2卷，人民出版社1994年版，第250—251页。

主义。我们要领导和教育全体党员、全军指战员、全国各族人民科学地历史地认识毛泽东同志的伟大功绩。”① 这个论述的精神，后来写进了三中全会公报。《历史决议》进一步指出：“因为毛泽东同志晚年犯了错误，就企图否认毛泽东思想的科学价值，否认毛泽东思想对我国革命和建设的指导作用，这种态度是完全错误的。对毛泽东同志的言论采取教条主义态度，以为凡是毛泽东同志说过的话都是不可移易的真理，只能照抄照搬，甚至不愿实事求是地承认毛泽东同志晚年犯了错误，并且还企图在新的实践中坚持这些错误，这种态度也是完全错误的。这两种态度都是没有把经过长期历史考验形成为科学理论的毛泽东思想，同毛泽东同志晚年所犯的错误区别开来。”②

（三）全面贯彻三中全会路线是改革开放最可靠的保证

自从1992年中共十四大以来，我们党在对改革开放进行的历次经验总结中，始终把坚持以经济建设为中心和坚持四项基本原则与改革开放相结合这条十一届三中全会确立的路线，放在所有经验的核心位置，称它为改革开放“最可宝贵的经验”、“最可靠的保证”。2007年，胡锦涛总书记在党的十七大上总结我国改革开放近30年的实践，提出把坚持马克思主义基本原理同推进马克思主义中国化，把坚持四项基本原则同坚持改革开放，把尊

① 《邓小平文选》第2卷，人民出版社1994年版，第148—149页。
② 《三中全会以来重要文献选编》下，人民出版社1982年版，第836—837页。

重人民首创精神同加强和改善党的领导结合起来等“十个结合”，并且指出：这些是“我们这样一个十几亿人口的发展中大国摆脱贫困、加快实现现代化、巩固和发展社会主义的宝贵经验”。[①] 会后不久，他又对这“十个结合”作了进一步阐述，强调其中“前三条是管总的”，是“我国改革开放取得成功的关键和根本”。[②]

目前世界200多个国家和地区，除二十几个发达资本主义国家的8亿人一直在实行市场经济并主导着国际经济之外，余下绝大多数发展中国家和地区的50多亿人口，要么早就在实行市场经济和与国际经济接轨，要么也是在向市场经济和与国际经济接轨的方向过渡。如果说改革主要是以市场化为取向，开放说到底是与国际经济接轨的话，那为什么在这么多实行市场经济和与国际经济接轨的国家及地区中，唯有中国在改革开放后发展速度最快、持续时间最长呢？尤其考虑到中国人口负担重、经济基础弱、气候条件差、人均耕地和各种资源相对贫乏、区域发展极不平衡等不利因素，这个问题就更不能不引起人们的思考。

只要回顾一下历史就会知道，中国近代以来曾丧失过很多发展机遇，但有两次机遇被我们抓住了，实现了自身跨越式的大发展。其中一次是在新中国成立初期，一次是在改革开放以后。如果说第一次的主要原因是我们选择了社会主义制度的话，第二次则主要是由于我们在建立社会主义基本制度和取得社会主义建设伟大成就的基础上实行改革开放的结果。可见，改革开放后的中

---

① 《人民日报》2007年10月25日。
② 《人民日报》2007年12月18日。

国与大多数发展中国家和地区之间的最大区别，并不在于是否改革开放，而在于改革开放是否与四项基本原则相结合。

对于中国在保持社会基本稳定的前提下取得改革开放成功的"奥妙"，许多发展中国家渐渐看明白了，西方敌对势力自然也很清楚。他们为了遏制中国的进一步发展，也为了消除中国的发展道路在发展中国家产生的影响，与中国国内各种敌对势力沆瀣一气，把攻击的矛头都对准改革开放与四项基本原则相结合。他们在经济上竭力兜售西方的新自由主义，集中攻击中国的社会主义市场经济体制；在政治上竭力贩卖社会民主主义或民主社会主义，集中攻击中国共产党的领导和人民民主专政；在意识形态上竭力鼓吹历史虚无主义，集中攻击中国革命、中国共产党和中华人民共和国的历史，丑化、妖魔化毛泽东、邓小平等领袖人物。他们有时甚至显得比我们更加关心改革开放，一有风吹草动就造谣说中国的改革开放政策要变了。对此，邓小平曾一针见血地指出："某些人所谓的改革，应该换个名字，叫作自由化，即资本主义化。他们'改革'的中心是资本主义化。我们讲的改革与他们不同。"①

苏共下台、苏联解体从反面告诉我们，改革开放如果脱离四项基本原则，必然会导致失败。当年戈尔巴乔夫搞的改革，正是由于"放弃了社会主义道路，放弃了无产阶级专政，放弃了共产党的领导地位，放弃了马克思列宁主义，结果使得已经相当严重

① 邓小平：《组成一个实行改革的有希望的领导集体》，《邓小平文选》第 3 卷，人民出版社 1995 年版，第 297 页。

的经济、政治、社会、民族矛盾进一步激化，最终酿成了制度剧变、国家解体的历史悲剧。”① 他们在经济改革方面错用了新自由主义药方，在政治改革方面错用了“人道的民主的社会主义”药方，在意识形态方面错用了多元化、公开性的药方。在这种形势下，苏共怎么可能不下台，苏联又怎么可能不解体呢？近些年来，俄罗斯执政者和不少有识之士开始反思，并逐渐在经济体制、政治体制和对苏联历史的评价等方面，调整苏联解体初期的政策。就连戈尔巴乔夫也对我们《光明日报》的记者说：“改革时期，加强党对国家和改革进程的领导是所有问题的重中之重。……如果党失去对社会和改革的领导，就会出现混乱。”“我对中国朋友的忠告是：不要搞什么‘民主化’，不会有好结果！千万不要让局势混乱，稳定是第一位的。在这些方面，中国领导人的表现是出色的。”②

今年是中华人民共和国成立60周年，三中全会刚巧处在这60年的中间。它是一次拨乱反正的会议，也是一次承上启下、继往开来的会议。它上承的是新中国头30年所建立的社会主义基本制度，所取得的社会主义建设成就，所探索的社会主义建设经验，所形成的自力更生、艰苦奋斗精神；下启的是后30年的中国特色社会主义建设事业及其未来的发展。30年来的实践说明，不改革不开放，生产力发展不了，社会也不可能稳定，中国只能是死路一条；同时改革开放不坚持四项基本原则，生产力也要遭

① 江泽民：《关于坚持四项基本原则》，《江泽民文选》第3卷，人民出版社2006年版，第230页。

② 摘自2006年9月3日人民网。

受破坏，社会就要分崩离析，中国同样是死路一条。这是中国改革开放 30 年实践得出的最重要的结论，也是许多发展中国家的现实给予我们的最深刻的启示。今天，我国经济总量虽然已跃居世界第三位，但按人均计算只有 2700 美元。我们要继续解放和发展生产力，最终实现工业化和现代化，最根本的保证仍然是以经济建设为中心、坚持改革开放和四项基本原则这条三中全会的路线，并把它贯彻于中国特色社会主义建设的全过程。

（本文根据朱佳木 2009 年 9 月 26 日在中央国家机关“强素质，作表率”读书活动主题讲坛上的讲座内容整理）

主讲人：朱向前

朱向前，祖籍江西萍乡，1954 年生于江西宜春，1996 年授大校军衔，1997 年任教授、研究生导师并获政府特殊津贴，曾任解放军艺术学院副院长。中国作家协会全国委员、军事文学委员会委员、理论批评委员会委员。担任过“茅盾文学奖”等多项大奖评审。出版专著、文论、小说集共十六部，先后获得多项奖励。

毛泽东诗词的另一种解读

毛泽东诗词的另一种解读

感谢“强素质 作表率”主题讲坛给我这样一个机会。今天是10月31号，我们刚刚庆祝了新中国六十华诞。借此机会汇报一下我学习毛泽东诗词的心得体会，也籍此缅怀中国共产党、中国人民解放军、中华人民共和国的缔造者，一代伟人毛泽东。

下面，先汇报我解读毛泽东诗词的基本框架，概括来说就是“一二三四五”。

一就是一个背景；二就是两个代表；三就是三个特点；四就是四个佐证；五就是五个来源。由于时间关系，我侧重讲前面两个问题的部分内容。先讲“一个背景”，就是今天是在什么样的背景下重新来研究毛泽东诗词，走近毛泽东。

先从法国传记作家菲力普·肖特的《毛泽东传》的尾声说起。这本书是2003年毛泽东诞辰110周年时由中国青年出版社出版的，全书60多万字，最后一个自然段是这么说的，“毛是同整个欧洲差不多大小的土地上的、居住的约1/4人类的无可争辩的领袖，他掌握着只有中国历代那些最威严的皇帝才能与之相比的权力，在中国历史上，短短一代人的时代所发生的浓缩的变化，需要西方用几百年的时间才能完成。毛具有多方面的卓越才能，他是幻想家、政治家、天才的政治军事战略家、哲学家和诗人”。这就是西方世界对毛泽东的基本评价。

再看国内。梁漱溟评价毛泽东有三句名言。梁漱溟号称是20世纪中国最后一个大儒，也号称是反对阶级斗争的第一人、否定文化大革命的第一人，是毛泽东半辈子的挚友和辩友。他在毛泽东去世以后说了三句评价毛泽东的名言，一句话说“影响20世纪的中国的有三个人，孙中山、蒋介石、毛泽东”；第二句话说“毛不只是一个毛，是有多个毛”，这说明毛泽东的性格是多个侧面，他的性格是丰富的，是复杂的，是变化的。第三句话说“毛的功劳最大，错误也最大。没有最大的功劳就不可能有文化大革命”。这三句话可以说都是言简意赅的，今天也没有时间解释，我想大家都有自己的认识和理解。

再说毛泽东离开我们33年以来，中国大陆对他评价的一些变化。

首先一个阶段，也就是说从1976年到70年代末这几年变化不大，还是“两个凡是”，显示民族巨大的思维惯性。第二个阶段，是变化比较大的80年代，以思想解放运动为标志，强调实践是检验真理的唯一标准。这个时候人们眼中看到更多的是走下神坛的毛泽东，看到的是非神的一面，人的一面，普通平凡的一面，有局限的一面，甚至是犯错误的一面。第三个阶段，就到了

90 年代，有个现象很奇怪，突然之间，我发现首都很多出租车挂毛主席像。我那个时候很纳闷，我想是不是中央又发通知了，全国总工会下文件了？后来看一个外国人写的《毛泽东传》的解释，说 1990 年的春天在广州街头发生一起车祸，八车连环相撞，七个司机重伤，只有一个司机安然无恙，为什么呢？一看车里挂了一个毛主席像，从此这个说法不胫而走，一夜之间传遍大江南北。然后司机们纷纷请毛主席像。人们觉得毛泽东还是有点神，至少希望他能保平安。

"毛泽东热"还在持续升温。2005 年，以全国妇联牵头的六家单位在中小学生里面搞了一个调查，说说你心目中的英雄。调查结果大大出乎人们意料，第一位是毛泽东，第二位是父母亲。全国妇联关注的是父母亲怎么会成为中小学生心目中的第二位英雄。我关注的是毛泽东何以成为第一位的英雄，因为今天的中小学生懂得多少毛泽东啊？我觉得值得研究，但更值得庆幸。原来我想，现在的小孩儿、年轻人不懂毛泽东。但是我错了，去年 9 月 25 号的《文汇报》上有一篇报道：《伟人帖何以风靡校园》。何谓伟人帖，通过大学生在网上的点击率，评选中国历史二千多年以来十大伟人，最后选出了孔子、屈原、孙中山、毛泽东、周恩来、邓小平、鲁迅、宋庆龄、秦始皇、梁启超等十人，这个帖名就叫《中国十伟人 我们崇拜你》，而且每个伟人都有入选理由，用标志性的大事，概括其一生功绩与影响，那些理由是大学生自己写出来的，而且写得很精当：比如，孙中山是中国民主共和之父，推翻帝制，今天中国的很多城市的街道、公园以他的名字命名；周恩来是新中国第一任总理，在 1954 年提出和平共处五项原则；邓小平是中国改革开放的总设计师，带领中国富起来。但是写毛泽东的时候是这么写的，说“毛泽东以他天才的灵感写下了历史的篇章，毛泽东是巨人中的巨人。他强有力的影响在全世界亿万人民心中留下了深刻的印象。毛泽东是革命的儿子，是革命的精髓，是革命的旋律和传奇”。没有说具体事情，连缔造共产党、建立新中国也都没说。在他们看来，毛泽东是不能用任何一件事情涵盖他的，他要远远大于所有的事情，而且这一表述颇得毛泽东文风的精髓，非常浪漫大气。由此我觉得今天的大学生对毛泽东的认识是很到位的。

我说这些什么意思，就是今天的中国、今天的世界对毛泽东又开始重新认识。当然我们可以从很多角度解释这些现象。但是我觉得，特别是在今天中国的社会背景下，毛泽东的平民意识、草根意识、均富思想包括说西方人对毛泽东的评价，以及毛泽东缀满补丁的睡衣等都使我们感叹唏嘘、浮想联翩。

2007 年 1 月 3 号下午，我看凤凰卫视台的《冷暖人生》，陈晓楠采访刘思齐，刘回忆 1949 年 10 月中旬，新中国成立半个月以后她和毛岸英结婚。我用八个字概括，前四个字是“规格极高”。规格极高就是当时五大常委，毛、刘、周、朱，还有任弼时。当时任弼时病重，毛泽东说任弼时就不要惊动他了，其他四个人毛、刘、周、朱都携夫人出席他们的家宴也就是婚宴。后四个字是“用度极俭”。吃的是家常便饭，新郎新娘没有新衣服，是李讷用红绒布剪了一朵花贴在刘思齐胸前，以示喜庆。吃完饭以后，四大常委去开会了，小俩口儿到紫光阁去看一场电影，看完电影回来会也开完了。毛泽东在里屋等他们，拿出一件黑呢子大衣说："岸英你结婚我没什么礼物送给你，这件大衣是重庆谈判的时候买的，今天就把它作为你的结婚纪念送给你。"刚递给毛岸英，一看刘思齐，毛泽东尴尬了，觉得给儿子送了一个礼物，儿媳妇倒没有。他想了想说："你们晚上就把它当毯子盖，这样的话你们两个就都有份了。"作为开国领袖清贫如洗，古今罕见。这都是我们怀念毛泽东的重要理由，但这都还不是最重要的。

在我看来，毛泽东首先是伟大的民族英雄。1840 年以来，中华民族对外是屡战屡败，屡败屡战，除少数局部的战斗取得胜利之外，总是打败仗。打了 100 多年，民族自信心不断下滑，按照鲁迅的说法，失去了自信力，就是这个民族没有自信力了，一盘散沙。那么这个下滑什么时候停住的呢？应该说是抗日战争，由于统一战线和民族团结，加上国际和平力量的支持，取得了抗日战争的伟大胜利。然后就是新中国成立，毛泽东向世界宣告："中国人民从此站起来了"。再到抗美援朝，把美国人打趴下了。美国虽然称霸世界，但是立国 200 多年来，打了两次败仗都败在了毛泽东手里，一次在朝鲜，另一次在越南。为什么在越南也是败在毛泽东手里？据披露，60 年代中后期，最多时有 32 万中国人民解放军在越南抗美援越。我原来所在的高炮部队就在越南打了两年美国飞机，所以美国人是真怕毛泽东。再然后就是毛泽东亲自决策勒紧裤带搞出了"两弹一星"，使中国跻身大国行列。

过去我们常说，没有共产党就没有新中国，我觉得还应该加一句，没有毛泽东就没有中国的今天。前人栽树，后人乘凉，此之谓也。任弼时在延安说过，有毛泽东是中华民族的幸事。解放战争时期，决定部署主要是毛泽东，调兵遣将主要是周恩来。他们经常是几天几夜不脱衣服睡觉，实在不行了就眯一会儿，肚子饿了就把手往后一伸。李银桥的描写很生动啊，伸个手就表示要吃东西了。那么给他一块地瓜土豆两口就吃掉了，喝点水又开始了。所以任弼时说这个话，不仅是指毛的思想、智慧和谋略，还有他过人的胆量、精力和体魄，否则指挥不了三大战役。李银桥曾回忆，平津战役即将结束的一个早上，在给毛泽东梳头的时候很惊讶地发现了一根白发，毛主席拿在手里看了看说，我看用它换来三大战役的胜利，值了。再说 1948 年，毛泽东召粟裕到西柏坡面授机宜。两个湖南老乡吃着辣椒侃大山，毛对粟说 1947 年孟良崮一战，你能干净利索地歼灭整编 74 师，当时有两个人没想到哇。粟脱口而出：“蒋介石”，毛说还有一个呢？“陈诚”，毛说“不足挂齿”。“白崇禧”？毛说“何足道哉”。“何应钦”？毛说“离题万里了”。“那还有谁呢”？毛大笑：“那就是我毛泽东啊。”这也是毛泽东的一种领导艺术，表扬粟裕，表扬得很巧妙，很艺术。由此可见毛泽东的领袖风采和伟人魅力。

回到毛泽东诗词，郭沫若有诗云：“经纶外，诗词余事，泰山北斗”，说的是毛在治理军国大事之余写点诗词，就足以称得上是诗坛泰斗。其实不光是诗坛泰斗，在世人眼中，他首先是一个具有超凡魅力的领袖。治大国如烹小鲜，谈笑间引导世界风云。到了上世纪 70 年代，毛泽东深居简出，常常让一些大国政要，像尼克松、田中等到书房见他。最近我读到外交部王殊的文章，回忆 1975 年 10 月前西德总理施密特访华时的情景。那时在西方大国的政要眼中，毛泽东的神圣、神秘让他们佩服、崇拜。他们来华访问成功与否的主要标志是有没有受到毛的接见和接见时间的长短。毛在中南海游泳池接见了施密特 45 分钟，以至他从中南海出来后欣喜若狂、手舞足蹈，兴奋犹如孩童。再说一例。去年 11 月 18 日胡锦涛访问古巴，劳尔·卡斯特罗跟他一见面，就用中文唱了一段《东方红》，唱得纯正标准，凤凰卫视评论说，这是唱中国歌唱得最好的外国元首。我要再加一句，这是有史以来唯一的一个外国元首唱另外一个国家歌颂该国元首的歌，这是毛泽东的骄傲，也是中国人的骄傲。

关于"一个背景"的问题就讲到这里。现在讲第二个问题"两个代表"。

第一个代表，毛泽东是中国最广大人民的代表，或者说是中国农民的代表。这可以一分为三：

第一，毛泽东是中国农民之子。去过韶山的人都会对毛泽东故居印象深刻。根据 20 世纪 40 年代末的土改标准，毛泽东家里划为富农。以我在农村的体验，那时的富农是中国传统中最本分、最勤俭甚至是吝啬的人，才可能在那时创下那么一份家业。毛泽东的父亲毛顺生就是一个勤俭、吝啬的人。但也正是因为有这么一个父亲，毛家才能有这个家业供毛泽东读书。这种家庭主要是耕读传家。追根溯源，毛泽东的平民意识、草根意识即由此而来，因为他是典型的中国农民之子。

第二，毛泽东是中共早期的农民运动领袖。历任中共领袖少有农民出身 。为什么强调此点，因为此点与中国革命重大相关，所谓中国国情一是农民，二是农村。如果不了解中国农民和中国农村就不能说懂得中国国情。历史最终选择了毛泽东，是中国革命的选择，也是中国国情的选择。因为毛泽东和中国农民感同身受，他深刻地洞察到中国农民最迫切的要求和愿望，所以他顺理成章地成为了中共早期的农民运动领袖。包括他 1927 年写的《湖南农民运动考察报告》，他对农民的革命要求体察得是何等透彻和深刻。周恩来 1957 年对他领导的上海起义有一个反省，说："我负责领导起义，但是缺乏斗争经验，对政治动力理解不足。我是一个出身封建家庭的知识分子，与工农群众的联系很少，因为我没有参加过生产劳动，我的革命生涯是在国外开始的，革命知识有限，仅仅是些书本知识。"这是英国的迪克·威尔逊在他的《周恩来传》里引用的周恩来的一段话，接着他分析到：周恩来接受这样一个事实，那就是中国共产主义运动将不得不由一个农民领袖来领导，这个人知道农民是如何生活的，并且清楚他们在想些什么。

第三，毛泽东是把马列主义本土化、中国化，极而言之就是农民化的杰出代表。用经典的表述就是说，把马列主义的普遍真理与中国革命的具体实践相结合，表现形式就是毛泽东思想，这是中国共产党所领导的革命实践的理论升华和集体智慧的结晶。20 世纪上半叶，中华民族苦难深重，治国主张纷纷攘攘，斗争形势错综复杂，革命领袖群雄逐鹿，为什么唯有毛泽东能高瞻远瞩，抓住中国革命之要害？为什么像陈独秀这样的新文化运动旗手遇到武装斗争就手足无措？为什么像瞿秋白、王明等由共产国际培养的理论家一遇到中国革命的实际问题就茫然失策？原因就是毛泽东比他们更懂得农民、更懂得中国、更懂得实践。

众所周知，在我们党的历次路线斗争中，那些代表性人物如陈独秀、瞿秋白、李立三、张国焘、王稼祥、博古、王明等大都是留洋回来的大知识分子、大学教授，而毛泽东是长沙第一师范毕业的，中专学历。但是，一方面毛泽东熟悉农村，熟悉农民，大量的语言来自民间，来自生活，来自乡间俚语，来自于一种中国农民式的生存智慧；另一方面，毛泽东熟读中国传统文化典籍，《三字经》、《百家姓》、《千字文》、《增广贤文》，经史子集、诗词曲赋，特别像《离骚》、《九歌》、《庄子》、《昭明文选》、《韩昌黎集》等重要经典，可以说烂熟于心。以毛选四卷为例，其中的引文、成语、典故，引自《左传》48 条、《史记》42 条、《孟子》26 条、《论语》22 条、《礼记》14 条、《尚书》13 条、《诗经》9 条等等。这种童子功使毛泽东受益匪浅，讲话作文常常是纵论古今，引经据典，妙语连珠。

1965 年 2 月 13 日，毛泽东在春节座谈会上和作家诗人们纵论文学史，进而谈及状元问题。他说："历史上的状元出色的没有几个，唐朝的李白、杜甫两大诗人都不是状元，出色的状元只有文天祥。柳宗元、韩愈，出身翰林，但是二流。王实甫、关汉卿、施耐庵、曹雪芹、罗贯中、蒲松龄等都不是状元。"毛泽东不是状元，也不是名校毕业。所以我说三个不等式：第一，学历不等于学问，学历高学问不一定就大。第二，学问不等于能力，这点更重要，就是满腹经纶的人，他的实际运作能力可能非常小，甚至成反比。第三，能力不等于天赋，最高的境界是天赋。毛泽东就属于学历较低，学问很大，能力极强，天赋更高的天才。毛泽东首先是一个伟大的实践论者，他曾说过："红军、八路军、人民解放军的将士绝大多数没有进过什么学校，没有读过多少深奥的兵书，但是仍然是经常打胜仗，最后消灭了蒋介石庞大的军队。"同时毛泽东对知识分子有两句批评，虽然是老生常谈但是切中要害，他说："这些秀才有个通病，一是说得多，做得少，向来是君子动口不动手。二是秀才谁也瞧不起谁，文人相轻。"毛主席说的这两点，是中国不少知识分子的通病。王明们就是理论脱离实际，套用苏联经验，远离中国国情，与中国革命、与中国农民相去甚远，隔膜何深，怎么能是毛泽东的对手呢？毛泽东强调实践第一性，理论与实践结合紧密，两手都很硬。这是第一个代表。

第二个代表，毛泽东是承传中国优秀传统文化的代表。毛泽东当然吸收了西方先进思想，如结合中国实际学习和研究辩证唯物主义和历史唯物主义，并以此确立了马列主义世界观和方法论等等，但我觉得，毛泽东更多地还是继承了中国传统的文化。从他四五岁开始发蒙，这一辈子读了将近八十年的书，无论是戎马倥偬，还是日理万机都真正做到了"三上"，枕上、厕上和马上。现在有案可查的毛泽东最后的读书时间是1976年9月8号5点50

分，这时离他去世不到 24 小时，已进入弥留之际，他清醒过来最后听了 7 分钟的书，再度昏迷直至去世。这真是活到老，学到老，学到死。别说一个伟大领袖，就是古今中外的文人学者又有几个人能像毛泽东这样嗜书如命呢？

毛泽东是真学真懂，烂熟于心，信手拈来。举一例：就是今天的中央党史档案馆里，保存着毛泽东手书的古诗手迹一共是 117 首，其中书写的二千多年来 58 个大诗人的重要作品，包括屈原、李白、李贺、李商隐、苏东坡、辛弃疾等。他是在什么情况下书写的？毛泽东的办公桌旁边有一个大书案，工间休息，他就到大书案前提起笔来默写，包括《离骚》、《长恨歌》、《琵琶行》等古典长诗。一直到他七十多岁了还是如此。

再说 1974 年，81 岁的毛泽东已患了严重的白内障，但是他又不肯离开书本，需要一个侍读。条件是口齿清晰，古文功底好，年纪适中，政治可靠。时任中央办公厅主任的汪东兴从北大中文系经过了解选了一个名单，当念到芦荻的时候，毛泽东略作沉吟说，那就让芦荻来试一试吧。为什么选中芦荻？芦荻，女，时年 44 岁，并非学界名流，但是 1963 年她在人民大学时曾跟着冯其庸编过《历代文选》，其中《滕王阁序》、《枯树赋》等几篇是她选编的，这几篇也是毛泽东喜欢的文章，觉得她编著得不错。这时芦荻刚从人大调到了北大，她和毛泽东有缘啊。那天晚上汪东兴直接把她拉到中南海，拉到毛主席书房。毛泽东首先问，你会背刘禹锡的《西塞山怀古》吗？不等她回答，毛泽东自己开始朗声背诵起来："王濬楼船下益州，金陵王气黯然收。千寻铁锁沉江底，一片降幡出石头。人世几回伤往事，山形依旧枕寒流。今逢四海为家日，故垒萧萧芦荻秋。”笑着问你的名字是不是从这里来的呀？然后毛泽东从刘禹锡开始说起，又背刘禹锡的《陋室铭》、《竹枝词》，谈到三国的阮籍、南朝的庾信。毛泽东一口气讲了两个小时，然后说该你讲了，你就讲讲庾信的《枯树赋》吧。芦荻的基本功还是不错，然后就背。引起毛泽东更高的兴致，又背江淹的《别赋》，还有《触訾说赵太后》，然后毛泽东自己在屋子里踱步，到了凌晨一点，大夫劝他说，主席太晚了，该休息了，但是他们又谈了一个多小时。那一次，谈到凌晨三点多。这是他和芦荻第一次见面。对芦荻来说，古典诗词、散文是她的专业，点到哪儿背到哪儿，但是二十四史就超出了她的专业范围，况且是四千万字，经常会碰到一些生僻古字，这时芦荻就要去查字典，毛泽东就故意跟她开玩笑，说你怎么不念了，往下念往下念。芦荻只好说：“主席对不起，有一个字我不认识，我要查一下字典。”毛主席立马脱口说出此字，让芦荻在窘迫之中万分惊讶、万分敬仰。有这种经历的岂止芦荻一人。

毛泽东的书法广采博收、汪洋恣肆、自成一体，世所公认，在此从略。再说毛泽东酷爱中国传统戏曲。今天在韶山毛泽东纪念馆还保存着毛泽东生前爱听的传统戏曲唱片、磁带 2000 多张/盒。他看戏时往往沉醉其中，不可自拔，这既是毛泽东的性情使然，也是中国传统文化的魅力使然。

在我看来，优秀传统文化有四性：稳定性、超越性、穿透性和覆盖性。前几年，连战、宋楚瑜、郁慕明、李敖由台湾省来大陆，不管他们谁发表演讲，都是尽量地多引用或者背诵一点唐诗宋词。为什么呢？因为唐诗宋词是好东西，《水浒传》、《西游记》、《三国演义》、《红楼梦》是好东西，国民党说好，共产党也说好，毛泽东喜欢，蒋介石也喜欢，这就是文化的超越性和稳定性，超越于党派之争，稳定于意识形态之上。不管党派之间意识形态如何尖锐对立，一旦追溯到中华传统文化，就比较认同了，同源、同文、同种，从这个意义上说，去中国化是完全徒劳无益的。

我们再讲个穿透性的例子：比如说南唐李后主，这个人皇帝当得很窝囊，政绩、人品可能都无从谈起。但是没关系，只要有一首《虞美人》足矣。“春花秋月何时了，往事知多少？小楼昨夜又东风，故国不堪回首月明中。雕栏玉砌应犹在，只是朱颜改，问君能有几多愁？恰似一江春水向东流。”这一流就流了一千多年啦。我想只要汉字不灭，这些美妙的诗词歌赋就会伴随我们这个民族永远地流传下去。

再说一个覆盖性的例子。比如说古代战例，巨鹿之战、淝水之战、长勺之战、官渡之战、赤壁之战、夷陵之战等等，除了军事学家，一般的老百姓可能比较熟悉的是赤壁之战，因为什么呢？因为《三国演义》，《三国演义》之前因为苏东坡的前后《赤壁赋》，还有《念奴娇·赤壁怀古》“大江东去，浪涛尽，千古风流人物。故垒西边，人道是三国周郎赤壁。乱石穿空，惊涛裂岸，卷起千堆雪。江山如画，一时多少豪杰”。今天的湖北其实有几个赤壁，都在考证，都在争论，都说自己的赤壁是当年打仗的赤壁，这个没关系，文化赤壁已经名扬天下。

文化的穿透性、超越性、稳定性、覆盖性是一种文化意识和历史意识。中国传统文化讲究三不朽：立德、立功、立言。所谓立言就是著书立说，就是名山事业，藏之名山，传之后世啊。大人物都有文化意识和历史意识。乾隆号称是传世三万首诗，也可以算是中国有史以来第一高产诗人，尽管很多诗是别人代笔，他为什么要搞那么多诗，他就是为了传世，但诗歌不是以量来传世的，所以乾隆的诗基本上是湮没无闻。但是乾隆御笔帮他起了作用，我们的名山大川到处都是乾隆御笔，你想躲都躲不开。再有就是曾国藩家书，我觉得曾国藩家书写到后来他也有这种想法，家书是给家人看的，但也是写给天下人看的，也是写给后人看的。所以我们今天看到如此完整的曾国藩家书。再一个胡适，胡适日记本来也是很私密的，但是我想他在写的时候已经想到了，要给天下人看，要给后世人看。所以我们今天才能看到如此完整、完备的胡适日记。这就是大人物或者名士的这种文化意识，那么毛泽东更有这种文化意识和历史意识。他对文化的重视超乎寻常，他有三个经典表述：

一是“一支没有文化的军队是愚蠢的军队，而愚蠢的军队是不能战胜敌人的”。这是很著名的一条语录。二是在长征路上，多次轻装简从，包括他身边的人也劝他，说这个文房四宝、砚台，背着太沉了，是不是把它丢了，到哪里找一个碗，弄一个缸不一样写吗？毛泽东说文房四宝一定要背着，我要用我的文房四宝打败蒋介石、国民党。三是表扬丁玲，《临江仙》写了“纤笔一枝谁与似？三千毛瑟精兵"，就是说你这支笔相当于一支军队。

1961 年冬天的一天，毛泽东刚写完《人的正确思想是从哪里来的》这篇文章，心情愉悦要与人分享，逮住进来的卫士张仙朋，问：你知道人的正确思想是从哪里来的吗？接着把自己这篇文章给他背了一遍，然后说了一句话："人们常说虎死了留皮，人死了留名。我这个人啊，只要给人民留下点文就行了。"为后世留文，是一个伟人的想法，更是一个文人的想法。我想，名山事业可以看作是中国文人的一种宗教。我们常说中国人没有宗教，但是我觉得名山事业就是中国文人的宗教。所以才有"文王拘而演周易，仲尼厄而作春秋，屈原放逐，乃赋离骚，左丘失明，厥有国语，孙子膑脚，兵法修列，不韦迁蜀，世传吕览，韩非囚秦，说难孤愤，诗三百篇，大抵圣贤发愤之所为作也"，所以才有曹雪芹"十年辛苦不寻常，字字看来皆是血"。

晚年毛泽东对自己的立德、立功、立言——我们说的中国传统文化的三不朽，有一个自我总结，讲了一段话："人生七十古来稀，我八十多了，总想后事，中国有句古话叫盖棺论定，我虽未盖棺，也快了，总是可以论定吧。我一生做了两件事，一是跟蒋介石斗了那么几十年，把他赶到那几个海岛上去了，抗战八年，把日本人请回老家去了，对这些事持异议的人不多。另一件事你们都知道，就是发动了文化大革命，这件事拥护的人不多，反对的人不少，这两件事都没有完，这笔遗产得交给下一代，怎么交？和平交不成，就动荡中交，搞不好就得血雨腥风了，你们怎么办，只有天知道。"这可以看作是毛泽东的临终遗言或者政治交待。

第一件事情，所谓立功。充满自信，毋庸置疑，无可辩驳，成立了新中国。就像毛泽东一辈子喜欢的《三国演义》里面说的，天下大势合久必分，分久必合。所以海峡两岸早晚得统一，这就是时过境迁，或者叫与时俱进。这件事情我们存而不论。第二件事情，所谓立德。就是毛泽东企图通过文化大革命，实现天下大同，人人平等，但是事与愿违，铸成大错。情况复杂，姑且不论。

那么就剩下第三件事了，所谓立言。我们说首先想到毛选，但是毛选让我来说，它真是集体智慧，尤其到了延安以后，像陈伯达，像胡乔木，像田家英，这些人都参与了很多重要文章的起草，包括后来的润色。在延安以前的，井冈山时期的毛泽东的文章是他自己写的；到了延安以后，应该说观点、基本思想是他的。再举个例子，《正确处理人民内部矛盾》这篇文章，这是50年代毛泽东的重要著作。这篇著作是胡乔木根据毛泽东四次讲话整理出来的，然后发给驻京中央委员、候补中央委员、各省市书记，在一百个人里面征求意见，以胡乔木为首的小组改了11稿，毛泽东自己改了2稿，前后一共改了13稿，1957年6月19日发表在《人民日报》。

真正是毛泽东个人化的、心灵化的、情感化的是他的诗词。诗词谁也代不了笔。在我看来，诗词在毛泽东心目中地位是很高的，虽然现在也有一些观点认为，毛泽东不在意他的诗词，纯粹是一种业余爱好，随便写写，不好就扔，如《人民解放军占领南京》是他扔在纸篓里，被田家英捡出来的等等，我相信这个细节，但我并不据此认为毛不重视他的诗词，他只是觉得还没有写好，还需精益求精。他生前之所以只公开出版了一个 37 首诗词的版本，就是因为他太过重视而导致推敲不定，犹豫再三而终无定论。毛泽东一生杀伐征战、决断无数，但是在修改自己诗词时却谨小慎微、患得患失。举一例，就是《沁园春·长沙》，这是他的代表作，是经过他审定后公开发表的，"独立寒秋，湘江北去，橘子洲头。看万山红遍，层林尽染。"我们所熟知的是"层林尽染"，但是你去看毛泽东的手迹，却是"层峦尽染"，山峦的峦，而不是树林的林。"层林尽染"固然很好，但是层峦叠嶂，"层峦尽染"不是更好、更大气吗？此所谓诗无达诂也。

再比如著名的《人民解放军占领南京》，"天若有情天亦老"，但你看他手写的是"天未有情天亦老"，意思正好相反，一个是天如果有情，它会老。一个是天无情它也会老，你说哪一句更好呢？也说不清。这样的例子非常多，在我的书里都有原稿照录，大家如果有兴趣可以去翻一下。

另外一个原因就是文化大革命，天下大乱十年不已。诗词本为雅事，这种环境和心境，如何改诗？毛泽东最后一次修改诗词是 1973 年，80 岁的他企图作一次全面修改，但是心有余而力不足。只对《贺新郎·别友》情有独钟，改得满目全非，几乎是重写了一遍。毛泽东知道这些东西是会传世的。总体看来，一个是书法、一个是诗词，这都是中国传统文化的精髓，毛泽东玩儿的就是这两样，而且玩到了极致。当然，就大文化而言，毛泽东对中国传统文化还有多方面的承传。

现在我对两个代表简单作个结论：

第一，由于毛泽东代表中国农民，从而也拥有了广度，所以他赢得了历史。

第二，由于毛泽东代表了中国传统文化，也就拥有了深度，所以他将赢得未来。就像我们前面说的李后主，他的诗文对时间的穿透无穷无尽。李敖在多种场合引用现代著名学者蒋廷黻的一个问题，就是汉武帝和司马迁谁对中国历史的贡献更大，影响更远？李敖、蒋廷黻都选择了司马迁。但是在我看来，就文治武功、文韬武略而言，毛泽东是汉武帝加司马迁。一方面毛泽东是开国领袖，28 年打下江山。另外一方面，他又是诗词大家，而且以诗纪史，有意无意用他的诗词，记录了他打江山和建设新中国的主要历程，并用独具一格的毛体书写。至于是他的武功还是文治流传得更为久远，那就有待时间的检验了。这就是两个代表的结论。

最后我再说一下毛泽东诗词的三个艺术特点：一是豪迈大气；二是想象浪漫；三是文采华美。由此得出三个结论，一、毛泽东是一流诗人；二、毛泽东古为今用；三、毛泽东史诗合一。时间关系，别的从略。单说一下第三个结论“史诗合一”。这是我那本书的标题，也是全书的书眼，表达了我对毛泽东的基本评价，故略作解释如次：

从 25 岁毛泽东于 1918 年写下《送纵宇一郎东行》明确表明革命心志，到 1949 年写《人民解放军占领南京》，在这 30 年间恰巧有28首诗词，正好对应和记录了毛泽东开创和领导的28年武装斗争。可说是巧合，也可说是天意，用自己大气磅礴的，瑰丽多姿的，文采风流的诗词创作，有意无意地记录了自己领导的，艰苦卓绝、惊天动地、波澜壮阔、翻天覆地的斗争历程。所谓艰苦卓绝就是一介书生起于草根，千难万险，艰苦备尝；所谓惊天动地就是以弱抗强，以卵击石，石破天惊；所谓波澜壮阔就是从小到大，百川归海，势不可当；所谓翻天覆地就是乾坤再造，捣它一个底朝天，开创一个新纪元。毛泽东是用诗写史，以史写诗。正事写史，余事写诗，诗史合一，是为史诗。这才是一等一的大诗人、大手笔，前无古人，后无来者。

在座的很多都是领导、专家，对毛泽东都很有研究，各有见解。我今天也是抛砖引玉，希望大家批评指正。谢谢大家。

（本文根据朱向前2009年10月31日在中央国家机关“强素质，作表率”读书活动主题讲坛上的讲座内容整理）

主讲人：熊召政

熊召政，中国当代著名诗人、作家、学者。现任中国文联全委会委员、湖北省文联副主席、湖北文学艺术院院长，并在中国人民大学、武汉大学等高校担任兼职教授。从事文学创作三十余年、国学及中国历史研究二十余年，已出版的小说、散文、诗集、旧体诗词集、历史札记演讲集等著作三十余种，并获得多种创作奖项。

张居正与万历新政

张居正与万历新政

非常有幸接到邀请参加中央国家机关“强素质，作表率”读书活动。我今天演讲的题目是“张居正与万历新政”。我能不能用两个小时把古代一位改革家、政治家的非凡而又丰富的人生介绍给大家，让你们留下一个深刻的印象，对于我来讲不能不说是一个困难。张居正和我是乡党，湖北荆州人，但他一辈子的事业就在大家脚下的这片土地——北京，他从 23 岁进北京，到 58 岁躺在棺材里离开北京，在这片我们熟悉的京城土地上完成了一个知识分子从政的理想，作出了惊天动地的事业。

张居正的从政经历，如果让他填一份履历表一定不会很好看，因为他的经历太简单。进入内阁担任辅臣之前，他只做过两样工作，一是当研究员，二是当老师。所以我说他是知识分子从政的典型。他很小的时候就是家乡有名的神童。他最初也不叫张居正，叫白圭，实际上就是乌龟的龟。他出生的前一天晚上，他爷爷做了一个梦，梦见他们家厨房的大水缸里面有一个白色的乌龟从缸底下升起来，这个老汉一醒过来就跑到厨房去看，水缸里面没有白乌龟，但是有一个月亮像乌龟。早晨起来这个孩子出生了，他的爷爷于是就给他取名叫白圭。圭与龟同音，但写出来好看些。他13岁考中秀才，也就是今天的大学本科，当时是全省最小的秀才。那时考中一个秀才要受到知府的接见，荆州知府叫李元阳，是一个学者型领导，他接见张居正，一看是个孩子，说你怎么叫白圭呢？张居正就讲了名字的来历，李元阳说这个名字不雅，我给你改一个名字，你叫居正好了，你要做君子，居正位，做大事。这是一种勉励。

张白圭从此改成了张居正，16岁他参加举人的考试，也就是今天的研究生。他从江陵和父亲一起出发，同去武昌考举人，他父亲张文明21岁中了秀才，他是13岁，如今父亲37岁，他16岁，父子俩在一个起跑线上，都去考举人。考试完毕，有份试卷引起了三位主考官的注意，都夸是一篇锦绣文章。他们说一定要把这个考生列为乡魁，就是举人的第一名，叫解元。进士的第一名叫状元。

他们把这份卷子拿去给巡抚看。巡抚是省里的一把手，叫顾璘，南京人，有名的学者。他看了这份卷子，也赞不绝口，问这份卷子是谁写的。把卷子考号拿来一对是张居正，湖北湖南那时是一个省，才子众多，乡试有数千人参加。顾璘说我先见见张居正，那时他还不知道张居正年纪有多大。当张居正到来时，顾璘大为惊讶。一番谈话之后，顾璘勉励了张居正一番，并把自己的犀牛角腰带取下来送给了张居正。顾璘说我知道你将来不会系我这种腰带，但是我还是要送给你作为勉励。古代官员的品级是通过服装看出来的，在服装上一品二品三品四品都很分明。只有正省级的干部才能系犀牛角的腰带，如果是宰相级的就系玉腰带。一个正省级的领导，省里的一把手把自己的腰带送给一个16岁的孩子，而且直接告诉他你将来不会系这个腰带，你是腰玉之人，你将来可以当宰相。今天这一级的领导谁也不敢讲这个话了，孩子们也不敢听这个话了。但明代不一样，奖掖后进是一种美德。接见完后，第二天发榜，大家都以为新的乡魁就是神童张居正，可是榜上没有他的名字，张居正连举人都没考上。就这样，父子二人一同落榜，非常沮丧地回到了荆州。三年以后，19岁的张居正二次赶赴乡试才考中举人。当初为什么要阻挡他呢?顾璘先生说了一番话，他说这个年轻人聪明，但是，没有人生的历练，最终他的聪明很可能会演变成恃才傲物，不切实际。如果这样一味地纵容他，将来只不过在中国的土地上多了一个唐伯虎，而少了一个经邦济世的国家栋梁。在顾璘眼睛中唐伯虎这些人都不是人才，只有经邦济世为国家前途作出自己的判断和具有领导才能的人才是人才。张居正当了首辅以后，对李元阳与顾璘两位先生终生感激。

张居正23岁顺利考中进士。古代的进士相当于我们的博士，三年一考，每一次取260名左右。再在260名里面选20名成绩最好的、最有培养前途的人，进入翰林院深造，相当于我们今天所说的博士后，明代叫庶吉士。这20个人有三个人是不用测试直接进来的，就是状元、榜眼、探花，这一年就有张居正。从朱洪武的后期一直到明朝灭亡，历任的首辅全部出自于庶吉士，能够选上庶吉士，用今天的话说，就是驶入了选拔领导干部的快车道。

庶吉士毕业以后，有三种前途：第一是词臣，就是给皇帝起草圣旨的，叫待诏；第二种叫讲臣，就是给皇帝当老师的，叫侍讲；第三种，给国家编制各种制度及研究历史得失、研究国家政治走向的，叫编修。待诏、侍讲、编修全是作案头工作的读书人，而且都是在这 20 个人中产生的。

张居正两年庶吉士毕业就 25 岁了。这个时候朝政大权握在一个大奸臣严嵩的手上，国事一塌糊涂。张居正毕业以后的第一个职务是编修，他刚参加工作就给皇帝写了一份奏章，陈述国家应该从五个方面进行改革。其中有一条是批评官员的党同伐异、贪污渎职等行为。这是一封很厉害的奏疏，弄不好就会大祸临头。但是很奇怪，在张居正自己的专集当中，以及明史所有的记录里面没有对这篇文章的后果给予交待和说明。嘉靖皇帝有没有批示，严嵩看过以后有过愤怒没有，都不得而知。而这份呼吁改革的奏疏有些地方是影射了严嵩的，当时反严嵩的人很多都被处死或被流放。我猜想是当时的翰林院主管徐阶保护了张居正。这个人是张居正的政治导师，他是上海松江人。在明代上海是一个小镇子，松江是大地方。徐阶这个松江才子是一个老谋深算胸有韬略的政治家。江南的政治家的特点是隐忍，他们知道做事的节奏。徐阶心中觉得严嵩是一个奸臣，但是现在碰他就会自取灭亡。政治承认道德，但政治更承认成功者。你首先要把自己保护起来，然后再图进取。所以，我估计是徐阶采取了保护措施，没让张居正把奏疏送出去。

张居正从担任编修开始，到他42岁当次辅，这17年的时间国家掌控在嘉靖皇帝手里。明代由盛转衰是从武宗开始的，就是世宗皇帝的前任。武宗皇帝朱厚照当了18年皇帝，世宗当了45年皇帝，两个人实际掌控了国家62年。60年一个甲子，国家要做多少的事儿啊！我们国家从1978年开始改革，到现在成为世界的强国，才仅仅30年。可是明朝这两个皇帝62年，江山社稷被他们折腾得奄奄一息。

武宗皇帝好玩儿，15岁继承皇位，33岁死，整整玩了18年。武宗当皇帝第二年大婚。我们老百姓结婚是一个男的跟一个女的结婚，皇帝是一个男的跟一群女的结婚。由太后主持，一个专门班子在全国选美选出一群女人，但他一个都不爱。他是典型的家花不如野花香。在太监的怂恿下，他首先喜欢波斯人，波斯就是今天的伊朗、哈萨克斯坦、土耳其这一带。当时中国的北京是一个移民城市，侨民比今天要多很多，中东、南亚的人有很多在北京定居。波斯人玩腻了，然后就是印度的，很胖的美女。武宗不但猎艳，更猎奇。他利用国家的资源，为自己的享乐服务。每天他就成了嘉年华的总导演，怎么玩得轰轰烈烈，怎么玩得荡气回肠就怎么玩儿。

有一天有人跟他讲，大同出美女。中国的美女分成四大派：大同婆姨、泰山姑子、杭州船娘、扬州瘦马。大同婆姨摆在第一。武宗一听，动心了，立刻就想去大同。按明朝规定，皇帝是不能离开紫禁城的，皇帝离开紫禁城必须征得文官系统的同意。武宗不管这些，他把首辅找来，说我要到大同去。首辅说你不能去，天子的办公室就在文华殿，乾清宫的上书房，这是你处理国事的地方。武宗说我要去看看边疆怎么样了。首辅说你可以任命各个方面的大臣，军事的、行政的、漕运的、管理百姓的、管理牧马的，方方面面的责任都由大臣来承担，皇上的职责是管理这些大臣。

武宗一听，第二天又把吏部尚书找来了，指示他起草，说朕现在要任命一个大将军去视察大同到榆林等西北边境。吏部尚书问他这个大将军是谁，武宗说这个人叫朱寿。吏部尚书不知道朱寿是谁，想问又不敢问，只得照办。任职通知书以圣旨的形式办妥。那一天，宣旨朱寿接旨，武宗自己跪下来了，他说我就是朱寿。他自己给自己下了圣旨，然后就跟首辅讲，我现在已经得到圣旨让我去视察大同，我现在得走了。这个故事听来像是笑话，但却是真实的历史。

大臣于是在白天把紫禁城的几个门堵住，怕武宗离开，结果晚上武宗吊着绳子从护城河跑了。第二天大臣到沧州赶上了，武宗说你们谁再敢追赶我，就撤你们的职。就这样，他跑到了大同，在那儿住了半年不肯回来。关于武宗胡闹的故事很多，这里不多说了。

再说接他位子的世宗皇帝。武宗皇帝一辈子胡闹，不要说生儿子，连个公主都没生下来。那谁继承皇位呢？主持这件事情的首辅叫杨廷和，他从武宗皇帝的近支里面找到了湖北钟祥兴献王的儿子朱厚熜，他是朱厚照的弟弟，他们是一个爷爷。杨廷和征得武宗母亲的同意，请朱厚熜进京。告诉他可以继承皇位，但有三个先决条件：

第一，兄终弟及，父死子承，这是明代传位的规矩。因此，朱厚熜必须履行手续，过继给武宗的父亲，这样叫承祧，才符合兄终弟及的传位要求。

第二，年年的国家大祭、清明节你去烧香磕头，只能给武宗皇帝的父亲磕头。作为在位皇帝，应给上代皇帝磕头，这是公祭。但不能给自己的亲生父亲兴献王磕头。因为办理了过继手续，从名义上说，兴献王就变成了叔父。

第三，武宗遗诏中所宣布的给他当政期间所制造的冤假错案一律平反，继任皇帝要认这个账。武宗死时并没有遗诏，而是杨廷和替他起草并颁布了遗诏，诛除了武宗身边的佞臣，并平反了大批冤假错案，因此大得民心。杨廷和之所以提出这一条，也是怕朱厚熜登位后不认账。

朱厚熜当时 19 岁。他听了这三条全都答应。因为他知道，若不答应就当不了皇帝。审时度势，权衡利弊，全都答应下来。但等到他真接过了传国玉玺立刻就变了脸。有一天他把大臣找来谈话，他说我就闹不明白，怎么我的父亲成了叔父，我的叔父成了父亲呢，这个不妥。杨廷和说，这个不可更改，这是国家传位的形式，而且你也是同意了的。就这样，皇帝开始和首辅两人闹起了矛盾。但是，19 岁的世宗毕竟是一个说一口湖北话的毛头小伙子，尽管是皇帝，满朝的文武大臣却是听杨廷和的。这个时候有一个考中进士还没有分配官职的人名叫张璁，已经46岁。他想，我46岁才考中进士，当三年县长，不出差错才可以升到一个同知，相当于副地级，再过三年，干好了当一个地市级一把手。再往上走到副省级可就难了。而且年龄不饶人，离60岁只差14年。把年龄账一算，张璁决定走快捷方式。于是，他就写一篇奏章给皇上，大意是皇上一定要把自己的父亲立为兴献皇帝。他说，哪有自己的儿子当了皇帝而父亲不是皇帝的？朱元璋就把自己的父亲立了皇帝，皇上不能认别人的父亲做皇帝，你自己有父亲。嘉靖皇帝很高兴，一打听，写奏章的是一个新科老进士，眼下连科级干部都不是，他说这个人我要见见。但他见不上，杨廷和听说这件事很不高兴，指示吏部把张璁弄走，于是，吏部把张璁分配到南京刑部当一个小官。嘉靖皇帝也不是省油的灯，熬了两年，等杨廷和因为丁忧回四川老家守制，文官系统走了一个铁腕人物，再不是铁板一块了。于是，嘉靖皇帝就以选拔人才充实内阁的名义，提了一个名单，共有八个人，其中就有张璁。但是摆在第一的是杨廷和的儿子杨慎，武宗时正德十六年状元。嘉靖这么做，也是一种调和政策。

杨慎当时已经是个司局级干部，他得知这个名单后，就回了一封信给皇上说，皇上如果觉得我杨慎是人才，就提拔我。如果你觉得张璁这样的人是人才，你就提拔他。我耻于和他为伍，你一定要用他，就把我的名字去掉。杨慎也算是“太子党”了，但有骨气。看到这封信，嘉靖皇帝气得七窍生烟，最后皇帝大打出手，将反对他的人尽数严惩，这就是有名的“大礼案”。

嘉靖皇帝在位45年，政治上乏善可陈。概括起来，有三件荒唐事值得说一说。第一件便是已经介绍过的“大礼案”。

第二件，给自己的父亲修了一座皇帝陵。兴献王封地在湖北钟祥，明朝叫安陆府，为了让家乡成为“龙兴之地”，他决定把钟祥这么一个小县升为国家的直辖市。在他执政期间，国家有三个直辖市。北京叫顺天府，南京叫应天府，他把家乡搞成奉天府，并在那里修了一个假皇陵，今天也成了世界文化遗产。皇帝要抽筋，谁也没办法，谁都挡不住，因为最高的权力在他手上。

第三件事情，是崇尚道术，炼丹吃药。为什么要崇尚这个东西呢？一个目的，要长生不老。明代最长寿的皇帝就是开国皇帝朱元璋，也就活了65岁，成祖朱棣活了62岁，仁宗皇帝活了48岁，宣德皇帝活了36岁，30多岁死掉的皇帝在明代屡见不鲜。武宗死时只有33岁，如果他再多活十年，皇位就可能轮不到朱厚熜了。今天的人，想长寿都去找医生，而嘉靖皇帝却找道士，给他炼各种各样的丹。每天就吃那些丹。由于这一嗜好，他判别一个官员的好坏首要的一个标准是看他对炼丹的态度。

过去说天子无私事，宰相无小事。我的理解是，在国家政治生活中，任何一个小的细节里面都有玄机。没处理好就会酿成政治灾难和杀身之祸。很多人因为反对嘉靖皇帝炼丹而丢了乌纱帽。当然，也有人因此而荣华富贵。张居正30岁时，因看不惯严嵩，以养病为由回到老家读了三年书，可是人在江湖心想朝廷，33岁又回到了京城，依旧在编修的位置上干了两年。徐阶这个时候进入内阁当了次辅。他利用权力安排张居正当了当时为储君日后成为隆庆皇帝的朱载垕的老师，同时还让他兼任了国子监司业。国子监是国家最高的一所大学，不像今天有那么多大学，那时就一所。大学也没有那么多的领导干部，就两个，一个校长，一个教务长。张居正当司业时只有36岁，就因为徐阶看中他，认为他日后可当重任，故破格提拔他。

嘉靖皇帝去世，徐阶已经是内阁首辅，内阁还有三位次辅，徐阶全都抛到一边，而找来40岁的张居正起草遗诏。这是重大的政治任务，而且也是非常强烈的信号。张居正的级别达不到，就是一个教务长。为了张居正能尽快进入内阁，徐阶一年时间内给他升了四级，先是当礼部右侍郎，礼部就是今天的教育部、外交部、民委、宗教局等七八个职能部门的综合，礼部的右侍郎是三把手。明代的部长，叫尚书，一个常务副部长，叫左侍郎，二至三个右侍郎，这几个人叫堂官，就是部级领导。底下各司的叫员外郎，各司的副司长叫主事。礼部右侍郎没当三个月，张居正又当上了吏部左侍郎，是二把手。又过了半年，张居正进入内阁，主管兵部与工部。这一年，张居正42岁。

我常说，张居正是知识分子从政报效国家的典范，看他的资历，他连县长都没当过一天，更别说市长、省长，他几乎没有担任过任何实际的行政领导工作，参加工作后除了做研究工作，就是教书，然后一下子当上了国家领导人。事实证明，他干得非常好。明代的首辅很少从封疆大吏中去选拔。明代的内阁辅臣一定是大学士出身，首先应是学者。所以说，张居正不是一个个案。从封疆大吏里面起来的人，就是治理各省、各个地方有经验的人，他们最终的出路是在中央的六部三司当一把手。但是，首辅这个职位不能从封疆大吏中产生，这个位置是职业政治家的位置，包括次辅。也就是进入内阁的成员，没有封疆大吏。

隆庆皇帝在位的6年里内阁换了四任首辅，辅臣们斗得驴嘶马喘，隆庆皇帝是一概不管。一心想改革的张居正，只得隐忍着寻找时机。

隆庆二年，43岁的张居正给隆庆皇帝写了第二封改革的建议书，叫《陈六事疏》。就是国家要从六个方面进行改革。他为什么这个时候提出来呢？是因为两大政治强人徐阶、高拱这时候都离开了内阁，而皇上是一个很忠厚的人，自己又是皇帝的老师。他觉得时机成熟了，因此把改革的思路提出来。但皇上这次又只批示了七个字：“知道了，具见忠忱。”就是说我已经知道了，你对我很忠诚，再没有任何下文。张居正放了一个政治的气球，没有什么效果，就继续等待。六年之后，隆庆皇帝死去，他的儿子朱翊钧继位，是为万历皇帝，朱翊钧只有十岁，选中张居正当了首辅，到这时，改革的机缘才得以成熟。

任何一场改革，实际上是将社会各个利益集团之间的关系重新进行调整，让社会资源的分配模式更加合理。从商鞅、王安石到张居正的改革都是走的这个路子。张居正的改革是从整顿干部队伍开始的。

万历皇帝是一个十岁的孩子，身边的两个人，一个是他的生母李太后，二是大太监冯保。张居正的改革，只有取得这两个人的支持，才有可能推行。张居正看清这一点，一直注意和他们搞好关系。改革的第一步，整顿干部队伍，就是在他们的支持下展开的。张居正上任不到一个月，就提出京察。所谓京察，就是考察中央机关的领导干部。明代的中央政府有两套，一套在北京，南京也保留了一套。南京的中央政府管理的事儿很少，主要是北京的中央政府。但是不管怎么样是两套中央班子，京察从他们做起。26000 名官员，我指的是处级干部以上的，直到内阁大臣这一级，全部都要写述职报告。凡是四品以上，就是今天我们所说的司局级以上的，直接给皇帝写述职报告；副局级到正科级，即五品到九品，给吏部写报告。内容是在隆庆皇帝的六年期间，你做了些什么？你做了哪些是你应该做的事情，有哪些你应该做的没有做，统统写出来然后决定你的去留、升降、罢免。张居正提出京察三个月完成。雷厉风行，说到做到。

张居正的整顿标准是，贪官不能用，渎职官员不能用，这些人都是肯定要罢免的。他又加一条，庸官也不能用。不求有功但求无过，这也是坏官。因为朝廷的官员是一个萝卜一个坑，多一个庸官就挤掉了一个干事的人。他就按这样一个标准整顿，三个月后裁了三千多名官员。

有一次我到一个地方演讲，有听众质疑说张居正是一个大奸臣，你今天怎么歌颂他？我就很奇怪，会后我和他交谈，我明白了，他的祖上就是那一次被免职的工部的一个右侍郎，回到老家以后，给他的子孙留了一个家训就是世世代代记住张居正是奸臣。通过这件事，我认识到改革家是要付出成本的。一个国家、一个执政团体为改革要付出成本，一个主持改革的政治家更要付出成本。这个成本不仅是此时此地，更是千秋万代。所以，改革之初，张居正就说过“知我罪我，在所不计”这样的话。京察完成后，腾了一些位置出来了。第二步是要举荐干部，把一些有能力、有事业心的人才选拔到重要岗位上。万历皇帝下旨让每一个省级干部向朝廷推荐三个人才。后来吏部汇总起来，被推荐的人得票最高的是海瑞。吏部尚书就跑来问张居正：“海瑞这个人你看怎么用他?”张居正回答说：“我说这个人不能用。”

对海瑞这个人，大家都不陌生。他是有名的清官。但历史中的他与文学作品中的他，还是稍稍有一点出入。嘉靖四十四年，他上万言书指责皇帝而被打入死牢。正是张居正为徐阶出主意平反冤假错案，把海瑞从牢里放出来。然后还给他升官，放到南直隶当巡抚。南直隶府建苏州，管辖的地方是国家粮赋重地。明朝财政三分之一的收入来自于这个地方。结果海瑞在那里当了三年的一把手，地方的财政收入少了一半，国库的税银收不起来。海瑞是一个理想主义者，简单的杀富济贫，他不抓生产。国民经济，GDP 的增长，都跟他没关系。他就是抓廉政。这样一来把国家的财税重地搞得一团糟。他一个班子的人都纷纷要求调动，不愿意跟他共事。海瑞搞得很孤立、很被动，便很愤怒地给皇上写一封信，要求辞职。当时的首辅是高拱，他尽管和徐阶有矛盾，也觉得海先生做事儿有点胡闹，就同意让他退休，回海南老家养老。海瑞收到诏令以后，又咒骂满朝廷全是女人，没有一个君子。这些都证明海瑞这个人好走极端。

张居正对海瑞这个人当然很清楚，他对吏部尚书说：“海先生是一个好人，为人清廉，而且有气节，这都是好的，但是我现在要选用能臣为朝廷做事儿，是要选好官而不是选好人。好人就是大节不亏，不贪不懒，做事有规矩。好官不一样，上要让皇帝放心，下要让老百姓得实惠，上下通气才叫好官。如果你搞得国家的财政收入大大降低，老百姓的生活也不能提高，两头都不踏实，这就不是好官。与其这样，倒不如让海瑞在家做好人。我们要为朝廷选好官，好官就是两个标准，上让朝廷放心，下让老百姓欢呼。总是让老百姓欢呼，朝廷不放心，也不是好官。只让朝廷放心，老百姓不喜欢，执政基础没有了，皇帝的恩泽到不了这片土地，也不是好官。”张居正这席话很有见地，可见这个职业政治家看问题的方式有他的独到之处。

张居正最终没有起用海瑞，他的标准就是重用循吏，慎用清流。循吏是什么意思呢？用小平同志的话解释再恰当不过了，就是不管白猫黑猫逮住老鼠就是好猫。由此，我想到清代的龚自珍面对满清末年的危局很感慨地写诗：“我劝天公重抖擞，不拘一格降人才”。文人论政的思维方式在这首诗中可以看出来。政治家不这么看问题。张居正在人才问题上讲过两句话。第一句话是：“世有非常之人，然后可做非常之事”。第二句话是：“天生一世之才，必足一世之用”。他的意思是人才不假外求，一个时代必有一个时代的人才。用好了这个时代的人才，就能够创造这个时代的辉煌。龚自珍希望让老天爷重新降天才下来，这是文人的人才观。像张居正这样的政治家，他所做的是：我劝天公重抖擞，不拘一格用人才。

你能把人才用起来，而且不拘一格，这就了不起。中国的知识分子有一个传统："士为知己者死，女为悦己者容"。人才并不一定全是君子，有的时候人才也是小人。君子是心中大而无私，天下为公；小人是为国家做事时，也要考虑自己的利益。真正会用人的人是君子也要求，小人也要用。仅以道德取人会妨碍执政者的用人思路。中国古代知识分子追求的是孔孟之道里说的立德、立功、立言，把立德视为第一位。立德者为圣人，立功者为君子，立言者为贤人。

如果国家的重要部门全是想立德的人，那么多圣人，国家就乱套了。国家要的是大量的立功的人。想立功的人就是循吏，想立言的人多半是清流。张居正懂得这一点，所以抓住了用人的牛鼻子。牛鼻子抓住了，一盘棋都活了。改革的团队建立了，改革的推进速度就快。京察之后，张居正开始向所有的贵族利益集团开刀，改革的原因就是对社会利益集团的重新定位，打破旧的平衡点寻找新的平衡点。既要考虑到各个集团的心理承受力，也要考虑到国家不至于付出更多的改革成本。

这个问题上，张居正也是做得非常出色的。孟子说过一句话："为政不难，不得罪于巨室。"这实际是告诉当官的，当官要当得好，就要把方方面面的代表人物全部照顾好，政权就长治久安。但是人的本性是趋利的，最后强势越来越强，弱势越来越弱。政治家管理国家就是让强势这部分得到遏制，为弱势这一部分增加社会福利与权益。政治家平衡各种利益集团，不能像孟子那样谦谦君子不得罪于巨室，而是必定要得罪于巨室。

当时朝廷的开支很大，大臣们离开北京到外地去上任，一路上住的都是国家的宾馆，用国家的交通工具，仅此一项，一年的开支上百万两银子，非常之大。官员们出行由国家买单，也还说得过去。但到后来，官员的七大姑八大姨，都享受这种待遇，国家的接待费用就呈几何级数增加了。

还有就是，削减皇室开支。这是最得罪人的，这也是张居正悲剧一个很大的起因。古代的皇帝们，国与家是不分的。在他们看来，这个国就是我的家，我想怎么样就怎么样。张居正改革就是要把国和家分开，分灶吃饭。所有的赋税收入进入国库，而所有矿山收入和榷场收入由皇帝开支。过去是混在一起，皇帝想用钱就到国库支取。张居正硬是要分灶吃饭，国就是国，家就是家。皇帝赏赐身边的宫女，给太监发工资是根据皇室的收益来决定。国家的收入用于行政的开支、军费的开支、河防水利的开支、赈灾的开支，这个分灶吃饭，遏制了皇室的膨胀。

张居正铁面无私，对皇帝也一样。他在回家葬父的路上，皇帝要调20万两国库银给后妃做衣服。内阁留守大臣不敢做主，把皇帝的批示八百里加急送到他南行的路上，他照样阻止了。他真正铁面无私。对皇帝他都这样，对别的人就更不用说了。比如对待衍圣公，历代封的衍圣公都是孔圣人后代，明代为了尊重知识分子、尊重读书人，允许衍圣公每年到北京见一次皇帝，皇帝请他吃一次国宴。就这么一个活动，却变成了衍圣公敛财的一种方式。他每年带着装满山东土特产的一二百辆车子出发，浩浩荡荡往北京出发了。一路上他有皇上的圣旨，一切费用由政府买单，而他卖的东西全归自己。到北京住下来，又把北京的好产品买一大堆一路往回卖，他的朝觐活动成了一个流动的超级商场，老百姓非常抱怨。

张居正针对衍圣公的行为，也来个约法三章。第一，规定随从不能超过 20 人；第二，三年一次，不用每年来，也不准做买卖。治好了衍圣公，又治江西的龙虎山张天师。同衍圣公一样，张天师也是世代袭封。首先，张居正将张天师的封号由二品降为六品，收回玉印，并且增加很多约束。他对每一个领域里面的势豪大户、王公贵族，都铁腕治理。

改革六年之后，国家财政实现了根本好转。张居正决定在全国推行一条鞭法。一条鞭法实施的前提是清丈土地。当时富人侵占的土地很多，不缴税费，因为土地没有登记。张居正用三年的时间清出来的土地增加了 500 多万公顷，仅这一项收入就是全年军费的开支，他就因为收了这个钱所以修起了明长城。

一条鞭法的实施，让老百姓在这场改革中得到了实惠。过去交税钱、交粮、交差，交钱是分开交，老百姓交一担粮食最低也要一担三斗，那三斗叫损耗。层层盘剥。一条鞭法改成交钱，中央财政拿钱收你的粮食，老百姓就没有受到盘剥了。还有就是将差役、杂役统统按田亩折成银钱交付。这样不但便利了老百姓，也让社会得到了发育，大量的流民有了新的工作。像修河堤的，专门搞运输的，各种劳动组织出现了。再就是流通市场得到迅猛发展。山西的钱庄出现了，当时，全世界流通的白银大约 7 千万两，差不多五分之二在中国流通。中国的金融业突然得到了空前的发展。

最后就是开放边贸。跟蒙古的战争从明代初年开始，就没有停止过。张居正在处理与蒙古的关系上体现了他的政治智慧。明代通倭、通虏，都是死罪。他最终通过蒙古王的孙子巴噶奈济的投降事件，抓住契机正确处理，与蒙古签订了友好合约，并开通双边贸易，建了一个经济特区，就是呼和浩特，当时叫板升，是当时中蒙最大的贸易点。

张居正 1572 年当上了首辅开始推行改革，即万历新政。到 1582 年他死在任上，前后十年时间，十年的时间万历新政就取得了这么大的成就，的确了不起。这个成就的取得，主要有两条：第一是干部队伍靠得住；第二是措施得当。我们站在今天改革的角度上来看待明代张居正的万历新政，我觉得六个方面的经验值得探讨。

第一，万历新政是一场成功的经济改革。明代的第一代领导人就是洪武皇帝，第二代领导人是永乐皇帝。张居正说洪武永乐创立的国家制度、治国主张不必改变，只从经济入手。现在看起来，他这样做充满了智慧。虽然有时候他也打左灯向右转，但从不在政治上做伤筋动骨的事。用现在的话说，叫一门心思搞经济。

第二，始终如一推行富国强兵的策略。国家财政不能空虚，中央政府的权威要树立。中国这个国家尤其不能让地方拥有太大的权力，因为地方利益错综复杂，多民族、多地区、多种文化的原因，必须要强调中央政府的权威。全国统一部署，富国强兵，这是国家的方向，各个地方的工作围绕这个方向展开。

第三，调整财富的分配模式。从他接任到他离开这段时间，官员的工资实际上增加了5倍，而老百姓的生活也实实在在得到提高，整个社会的财富都在迅速增加。

第四，让农民安居乐业。在万历新政期间，整个的社会组织在发育，各种新的职业、新的工作岗位的出现也对社会的安定起了很大的作用。农民安居了，然后城市就开始发展了。很多新的商业、交通组织，导致城市规模的扩大，这为流民提供了就业机会，从而使城市化的进程空前发展。

第五，加强了对官员的考核和约束力。他考核官员那一套真是绝得很，叫做“考成法”。过去皇帝下一道圣旨，执行情况没有检查。张居正于是设计了三个本子。一个本子掌握在内阁，一个本子掌握在吏部，还有一个本子在当事人手上。比如说湖北荆江的河堤现在要修，经过了工部的论证，皇帝的批示给了你十万两银子。这道圣旨出来到通政司，再由通政司转到湖北当事人手上，层层领旨，都要写明准确的时间。每一道圣旨的落实都是倒计时。三年考察，每个官员把自己的本子拿出来看看，你是不是按时按质完成了上司交代的任务。凡是在规定时间内完成任务，而且做得好的就升官。延长时间完成的，留任但要警示。没有完成的降职。完全搞砸的免职，承担责任。由于这个考成法的实施，朝廷行政系统的办事效率显著提高，每个官员都必须努力工作，整个大明帝国像一台高速运转的机器。

第六，肃贪。在这个问题上，张居正既严厉，又很有人情。

中国是个人情社会。比如说我过60岁生日，我的很多同学、很多学生，他们也是官员，但都来给我送礼。张居正说这不是贪的内容，不能把人情也算贪。贪是国家的经费到你这来，你从中切一块儿装入腰包；商人给你送钱，你帮他办事儿；下级给你送礼，你为他升官；这都是贪。但人情上的钱不能叫贪。他把政策划分得很清楚。

可以说，张居正是累死在首辅的岗位上，作为万历新政的总设计师与总工程师，张居正真正做到了“鞠躬尽瘁，死而后已”。在他死后一年多，万历皇帝开始对他进行清算，长期受到压抑的皇权突然感觉到能够自由地发挥了，受到严厉制约的一些官员也终于松了一口气。由于对张居正的清算，万历新政的大部分改革成果都已经丧失。但是，在大明王朝风雨飘摇的时候，不少朝廷官员顶住压力，站出来为张居正讲话。

其中有一个最典型的例子。有个叫邹元标的人在万历五年“夺情”事件中，冒着杀头的危险给万历皇帝上奏章，骂张居正是衣冠禽兽。他被打断腿送到贵州。张居正死了以后，他回到朝廷。回来以后，看到张居正之后的官场又开始盛行贪污，官员又开始享乐，党同伐异，世风日下，邹元标很痛心。他终于醒悟张居正所作所为全是为了国家。于是，他一再呼吁要给张居正平反。到了崇祯一朝，作为三朝元老的邹元标已成为朝廷最有影响力的大臣，崇祯皇帝听从他的建议给张居正彻底平反。但此时大明气数已尽，邹元标拄着拐棍在紫禁城里长叹：“可惜啊，世上已无张居正！”他认为，只有张居正能够拯救大明王朝，但是这个人没有了。一个当年为反对张居正被打成残废的人，最后如此怀念并推崇张居正，这给我们留下多么深刻的启示啊！

不知不觉两个多小时过去了，耽误大家很多时间，谢谢大家这么认真听我的演讲。谢谢！

（本文根据熊召政2009年11月28日在中央国家机关“强素质，作表率”读书活动主题讲坛上的讲座内容整理）

主讲人：王树增

王树增，1952年生于北京，1970年入伍，中共党员，武警总部政治部创作室主任，武警大校警衔，一级作家，政府特殊津贴享受者，中国作家协会全国委员会委员，全军艺术委员会委员。著有长篇纪实文学《朝鲜战争》、《长征》、《解放战争》（上下）等。作品曾获多项奖励。

革命战争与革命英雄主义

革命战争与革命英雄主义

我是1970年入伍的，将近40年的军龄了，我除了海军军装没穿过之外，别的军装都穿过了。我当兵的时候头十年是伞兵。我终生为当过一名伞兵而自豪，因为我至少比没有跳过伞的人多个角度看这个世界，至少有机会俯瞰这块大地。这块土地是生我养我的土地。我们每个人都怀着这样的情结热爱我们的土地，热爱我们的国家，热爱我们的民族，这是我写作最根本的出发点。

我写过三部非虚构类的作品，即《朝鲜战争》、《长征》和两卷本的《解放战争》。什么叫非虚构类文学？简单地说，就是你在翔实的资料的基础上，在无论情节和细节上都不允许虚构的原则下，阐述你的历史观。同时，非虚构类作品又是文学。文学是写人的，笔触更多地深入到人的精神层面。

今天，我所向大家汇报的题目是革命战争与革命英雄主义。英雄主义精神是一个很宽泛的概念，几乎可以涵盖人类追求社会进步过程中所呈现的各种不屈的精神，包括勇敢、永不言败和坚韧不屈等等。在人类的文明遗产当中，英雄主义精神是支撑人类发展的一个巨大的动力，没有这个动力，人类文明发展到今天是不可想象的。

一、革命英雄主义是在信念与理想旗帜下迸发出的生命激情

我原来是写虚构类文学的，90年代初我在广州工作，开始研读朝鲜战争的史料，这一研读就是三年，三年间我做了300万字的笔记。历史写作是不能够用简单的剪刀、糨糊拼出来的，尽管当时流行这种“纪实文学”的创作方式。我们的革命历史中迸发的人性的光辉，英雄主义的光辉，吸引住我欲罢不能，以至《朝鲜战争》这本书我整整写了6年，我想很少有一个作家用6年写一本书。

为什么我在革命战争题材上的非虚构类写作上花费如此大的精力？在写长征之前，我看到一本2000年出版的书，标题是“一千年以来影响人类文明进程的100件事件”，一千年是什么概念？是十个世纪。往前追溯的话，中国是北宋时期。这本书选的100件事包括了科技、文化、经济、军事等等所有门类。中国一千年以来被西方专家选为影响人类进程的三件事是：

第一件事，火药武器的发明使用。最早使用热兵器的是我国的宋朝。

第二件事，成吉思汗的崛起，东方铁骑曾经饮马于多瑙

河畔。

第三件事，长征。当我看到长征这两个字的时候我非常惊讶，这些外国的顶级专家难道对中共党史感兴趣吗？或者说他们认为这是一次伟大的军事行动吗？我都不这么认为。从军事规模上讲，长征的军事规模小到了可以忽略不及，不能和一战、二战比。那么，他们为什么认为长征这件事情影响了人类进程？我想只有一个解释，就是精神层面的意义，中国工农红军长征的举动折射出了人类的伟大的不屈的精神。写长征的时候我曾经走访过很多战场遗迹。在昔日的长征路上我常常碰到年轻人，背着个背包，拿现在的话讲是驴友，在走长征路。但是非常遗憾，我看到的大多是外国青年。我也碰到过中国青年，在泸定桥边照个相就走人了。我在贵州境内碰到四个瑞典青年，衣服破了，鞋子烂了，但还在严格按照当年长征的路线走。看着他们我在想，这是西方的经济发达国家的青年，他们几乎不知道中国工农红军是何许人也，他们可能根本就不知道中国共产党人的奋斗史，他们为什么要走这条路？他们在追寻什么？我想，他们在找支撑自己勇敢地、顽强地生活下去的理由。如果没有这个解释，你不可能理解他们为什么要这么走。

每个民族都在寻找自己的英雄，寻找历史上的一些闪光点，作为这个民族发展的一个精神的支柱。我去过的国家不多，每到一个国家我必须看的是纪念碑、博物馆，尤其是纪念碑。我看见一座纪念碑总要刨根问底，我问这是纪念谁，于是他们就非常自豪地说这是在纪念谁谁谁，这是我们的人民英雄。在新西兰，我看见一个士兵的纪念碑，长明灯在燃烧着，当地居民说这是他们的民族英雄。

在我们这块土地上，这样的纪念碑太少了，我们要立这样的碑的话，我们有多少英雄该矗立在这块土地之上？我们忘却了他们，忘却得太久了。

我认为，离开信念、理想旗帜引导的民族自豪感和英雄情结，民族的发展、社会的进步就是无本之木、无源之水，就是空中楼阁，没有后劲。一个民族如此，一个人也是如此。那些声称自己什么都不信的人，把什么都不崇拜当做时髦的人，是在掩盖内心的苍凉和苍白，是内心空虚的虚张声势。我没有见过一个内心苍凉空虚的人的人生会成功。一个民族如果不崇尚自己历史上的那些英雄，把这些英雄当做一种精神的范本来支撑内心，那么这个民族就是一个没有发展活力的群体，它永远也进不了强大民族的行列，这也是我写这几本书最基本的动力。

孤独与崇高是一个共生词。长征出发的时候中央红军号称十万，实际上是 8 万人左右，许多是机关人员，作战部队就 5 万人左右。我们当时全国有多少人？这些人所占全国人口的比例有多少？很小很小的一部分。当时红军的成分很奇特，由两极组成的，一极是政治精英和精神精英，很多人学贯中西，国外留学多年，他们熟读马克思和列宁的著作，已经确立了坚定的政治信仰。另外一极是连自己名字都不会写的，最贫苦的农民，很难向他们解释什么主义。但是就这两极如此融洽地融合在一起，形成中国历史上极为独特的、高举着英雄主义的旗帜的一群人。湘江战役是场惨烈的战役，为了掩护军委纵队的安全，红一军团、红三军团为了保持通道的畅通，和敌人血拼到底。当时形势危急，南边是作战凶狠的桂系，他们的战斗力非常强，尤其擅长山地战，武器装备比中央嫡系部队还好。北边是湘军，湘军也是一支凶悍的部队。而且他们有飞机大炮助战。我们的子弹是打一颗少一颗的，最后咱们就拼大刀了，那个时候真正是血肉横飞。最后，我们的中央机关过去了，但后面还有掩护的部队三十四师没有过来，当时的师长叫陈树湘，我们要记住这个名字，这位二十几岁的英雄师长负伤被捕，湘军官兵用担架抬着他去长沙。陈树湘师长的腹部被打开，肠子都流出来了，两个士兵抬着担架的时候，后面的士兵差点没滑倒，低头一看是肠子，陈树湘师长他把自己的肠子给拧断了。年轻师长的头被砍下来，挂在长沙的城门上，年轻的红军师长的家就离这里几步之遥，他的母亲和妻子就在城门前小街的板房之后，这个师长就是用这样的方式回到了自己的家乡。

毛泽东诗词《十六字令》：山，快马加鞭未下鞍。惊回首，离天三尺三。写于 1934 年至 1935 年，正是红军过了湘江进老山界的时候。当时不少人对前途持悲观态度，悲伤的情绪肯定在部队当中蔓延，不知道往哪里走。但是毛泽东就在那一刻写下了这首词。我们细读一下就会知道什么叫英雄主义。天塌了，有我。有我像一根柱子一样把将要塌的天给顶住。这是一种什么样的胸怀?

这些年轻的、勇敢的红军指挥员、红军战士们，那股不屈的精神从何而来？我在我的几本书中都反复强调这个观点，那就是对生活的憧憬，拿句俗话说，就是心里有一份指望。什么指望？就是对未来日子充满了信心。我们总在说一句话，我们的人民军队官兵一致、同甘共苦，这几个字不是说着玩的。我们看一下历史旧照就知道了，我们从士兵到政治精英，他们的军装是一样的，身上的补丁是一样的，他们的菜金是一个标准。旧中国的农民生活质量之低，待遇之悲惨，世界少见。穷人的孩子生下来就不认为自己是人，什么时候才感觉到自己是个人？是参加了红军队伍之后。长官不打你，不骂你，长官和你平等，玩命的时候干部冲在前面，党员冲在前面。在革命战争当中我们的干部伤亡是最大的。“跟我上”这不是一句台词。

人活着不就是为了一种做人的尊严吗？最贫苦的农民只有加入到共产党领导的队伍当中才知道了什么叫做人。入伍的时候一个字不识，行军时一天认一个字，这个字写在前边人的背包上。第一个字是“人”，指导员说，人最简单了，叉开腿站着就是人，什么时候都不能趴下。我们这些贫苦的农民什么时候尝到像人一样站立的滋味？跟着这样的队伍明天我去死我也很快乐。红军通过的腊子口是个隘口，先头部队怎么打都打不过去，腊子口要是突不过去的话历史就得改写。是一个小红军救了我们的红军，也救了我们的历史。这个小红军没有名字，大家管他叫云贵川，是个十几岁的孩子，赤着脚，红军路过他的家乡的时候他跟着队伍，成了一个红军战士。他说我有办法，我能爬上去。杨成武不相信，拿自己的马亲自把他运到悬崖底下，说你爬一下我看看，这个贫苦的孩子居然一会儿就爬上去了，然后突击队就攀绳子上去了。腊子口就是这样被突破的。所以我永远怀念那个小战士，我不知道他叫什么名字，我费尽心机也没找到他的名字，但是我总惦记他，这个小战士后来怎么样了，是不是在哪次战斗当中牺牲了，早就被埋到某个山沟里了，或者负伤留在某个偏僻的山村里，或者现在还活着。但愿英雄长命百岁。

说到英雄主义来源的时候我们不要讲很多大道理。朝鲜战争一开始的口号是保家卫国，这几个字太准确了。新中国刚刚成立，农民刚刚分到了土地，刚刚获得了自由，看到了平等的希望，正在建设家园，忽然邻国的战火燃起，有点儿不牢靠了，这时父亲肯定跟儿子说：出去，跟着咱们的队伍打，保卫胜利果实。就这么简单的道理，保家卫国这几个字足以让我们的青年战士出生入死。

日本自卫队的教材当中有一段话，说到志愿军冬季作战的时候，联合国军在半夜的时候就怕听见一种声音，就是中国军队胶鞋的底子踩在冰雪上那种沙沙的声音，在零下几十度下胶鞋底子已经变得僵硬了，这种声音足以让联合国军的士兵魂飞魄散。零下三四十度，人很难活着在野外度过一个晚上，中国人活着，不但活着而且还冲过来了。因此日本自卫队的教材中说：难道他们不是人吗?不是血肉之躯吗?他们为了保卫自己的国家、自己的民族，为了荣誉而战，他们的信念已经深入到了他们的骨髓之中。朝鲜战争的东线战场很少有人提到，冬天零下三十到四十度，向这个地域进攻的是美国军队中的海军陆战第一师，这是二战当中的精锐部队，我们动用了三个军堵他的一个师。这三个军是从准备解放台湾的部队中临时调过来的，来自温暖的华东地区。在鸭绿江边这些部队匆忙配发军衣，有的人得到一顶棉帽子，有的人得到一双棉鞋，有的人得到一件棉袄。这些在风雪交加中行进的志愿军官兵抬起头来的时候，头顶着像一张白纸片一样的太阳。但是我们的部队还在往前走，而且还作战。在陆战一师撤退的路上每一个高地都有我们的部队，美军先用航空母舰上起飞的飞机轰炸，然后重炮轰击，坦克轰击。美国兵认为绝对没有活着的人了，这么低温一夜，什么也冻死了，况且还这么轰炸。但是雪地里居然能站起人来，英雄杨根思就站起来了，他拿着炸药包冲到美军陆战一师的队伍当中。他牺牲的时候口袋里的干粮是两个冻得快透明的土豆。杨根思是解放战争时期的著名战斗英雄，出席过全国英模代表大会，朝鲜战争中我们牺牲了很多这样的老战士。

在朝鲜战场，我们在和谁打仗？我们是在和一个高度工业化的国家打仗。在陆战一师撤退的路上有一个必经的隘口，上面有一座桥。我们志愿军的侦察部队把这座桥炸了三次，炸一次美军修一次，最后把那座桥的根基都给炸了。但是，美军从美国本土空运钢桥梁到日本，再从日本空运到朝鲜，还做了两次空投实验，然后把钢桥梁连工兵一起空投到预定地点，一夜之间把桥架起来了。这就是工业国家的实力。我们很多志愿兵官兵连飞机都没有见过，我们的武器叫做万国博览会，我们的后勤部门往阵地上送弹药的时候最头疼的就是枪支口径不一，什么子弹都有。我们吃炒面，炒面吃多了以后眼睛什么都看不见，夜盲，因为那个东西缺乏维生素。而我们的对手在对面的战壕里可以喝咖啡，感恩节可以吃到火鸡腿。战争是需要物质力量支撑的，而我们那时候还处于百废待兴的阶段。我们的官兵只有一条路，用血肉之躯跟敌人拼到底。

有人说你和美国军队在朝鲜打仗不就打了个平手吗，你也没打胜呀？这种说法忽视了对手是谁。有人还质疑朝鲜战争该不该打。我认为，不要站在今天的角度去对历史说三道四，要站在当时的历史条件下看问题。当时新疆、西藏还没有解决问题，西南还有100多万土匪，蒋介石刚刚撤到台湾随时可以卷土重来，如果让西方势力在我们北方1500公里的边防线上压上来的话，这个新生的共和国如何生存下去？要想让这个新生的政权生存下去就必须作战，没有什么退路可言。

解放战争时期，有一位外国记者问毛泽东，你凭什么就可以打败国民党军队。在毛泽东的回答中连军队二字都没提过，毛泽东反复说了一个词：土改。毛泽东说，就看我们的土地改革能不能成功，如果我们的土地改革成功了，我们的战争就胜利了。我们的农民靠什么？土地。你给了他土地，他可以春种秋收。他的孩子就不至于夭折，他的老人就不至于饿死，过节的时候可能有一些白面馒头可以供供祖先，如此而已。我们的农民生活标准很低，你把土地给他了，这是最大的一件事情。他跟他儿子说，跟咱们部队走，别让那帮人再回来。这不是很简单的事儿吗？

我们的战士的那种英雄气质让国民党官兵不可理解。淮海战役有个徐东阻击战，国民党两个兵团去解救黄伯韬兵团，最后中间也就相隔五华里左右，重炮都可以交叉射击了，但就是过不去。这两个主力兵团，每个兵团都是三个军，坦克大炮飞机都有，阻击他们的是我们华东野战军的一个纵队，就拿一些步枪、手榴弹、炸药包。李弥兵团抓到我们一个战士，说你们前面到底有多少人。战士的回答让李弥摸不到头脑，战士说，你们进攻的时候我们一个连，你们不进攻的时候我们一个营，只要我们还有一个人活着你们就过不去。济南战役时，毛泽东收到一封电报，电报内容记录了战场上国民党军队审问我军一个战士的对话。审问的人问：你到济南干什么来了？战士说：毛主席派我打你们来了。又问：你们打得过我们吗？战士说：我们的人多得很。我查不到这个战士的名字，电报上就说是一个战士。这样的例子还有很多，比如说辽沈战役中的塔山血战，那边是五个军，蒋介石在海边的军舰上亲自督战，舰炮飞机坦克都有，我们阻击他们的实际上就是一个纵队，他们就过不去。我们撤离塔山阵地的时候，国民党的将军们集合在一起专门到塔山阵地上察看，看到的也不过就是简单的野战工事，他们看到插在阵地上的很多小木头牌，上面写着“打倒蒋介石，建立新中国”和“共产党员誓死不退”。

二、崇尚英雄是人类的一种古老的激情，是健康社会的一种普遍的情绪，是人类生活中最具共性的精神图腾

英雄主义的普遍特征是为大多数人的利益而奋斗，英雄主义

的核心就是为大多数人奋斗。为私利奋斗不是什么英雄，也成不了英雄。

解放战争的结局是不能用普通的军事公式计算的。解放战争是世界战争史上非常奇特的战争。战争爆发的时候双方力量不成比例。重庆谈判的时候，蒋介石面对毛泽东的时候踌躇满志，为什么？他有底气。他那时候部队至少有 500 万，这 500 万军队是用盟军标准装备起来的，二战时的中国战场是世界反法西斯战场的一部分。国民党的空军和海军是具有作战能力的。毛泽东走下飞机的时候兜里有一个实力统计表，我们的兵力是 127 万，这里其实有水分，因为这其中大部分都是民兵。所以蒋介石说我三到八个月消灭共产党，这句话不夸张，按一般的军事公式一计算也就是三四个月。但是，时隔短短几年，我们就占领南京了，怎么解释？

我的解释是：与其说是我们用军事手段打败了国民党军和推翻了国民党政府，不如说他自己把自己弄垮了。抗日战争之后，国民党军政大员内部的腐败与堕落到了不可收拾的地步。蒋介石退守台湾以后，多次讲话都讲到一个词叫“接收”，说我们失败就失败在“接收”二字了。什么叫“接收”？日本投降以后留下了大量的财产，国民党政府还都，第一件事就是接收这些财产，所接收的财产绝大部分都被接收人员中饱私囊了。腐败存在于专制政权当中由来已久，只不过八年抗战民族矛盾成为第一位的时候它还没有完全泛滥的可能性。抗战结束之后，国民党的军政大员们认为自己重得天下了，重生了，这时候不捞什么时候捞，一发不可收拾。

写《解放战争》的时候我发现了一个现象，就是作战双方的军事指挥员有不同的财产观。我们有俘虏政策，不搜腰包，把枪交出来就行，国民党指挥官身边总有一个秘书或者副官，都会提着一个小箱子，你打开那个小箱子看，里面无一例外都是一样东西——金条。为什么？当时货币不管用了。国民党的高级军事将领，大多数都有生意背景，都是有买卖的。淮海战役的时候，蒋介石为了保全国民党军的主力，命令海州方向的国民党部队向徐州靠近，当时海州方向的司令官是李延年，他并不知道将要命令他撤退，他还认为要死守海州呢，结果半夜里有人敲门，一个老板找到他，说李司令无论如何你要带我走，可不能把我搁在这儿。李延年大为吃惊，打电话到国防部问怎么回事儿，国防部被迫说是有这个命令，还没到你那儿呢。司令官不知道，老板凭什么知道了？因为这个人是给徐州剿总司令刘峙做盐生意的，刘峙知道撤退的命令。刘峙第一个通知的并不是李延年而是给他做生意的盐老板。还有徐州撤退。撤退是最容易受到攻击的时候，为了保密杜聿明做了很多假相，说我要死守徐州。但是天还没亮呢，他的警卫司令就告诉他说现在都乱套了，都跑了，银行家们全没影了，金库都空了。谁最有可能泄露军事机密？只有国防部的官员，因为那些高官们不少人在徐州有买卖。

在战争当中，我军无论多大的干部牺牲了，整理他的遗物是最简单的事情。十分钟他的遗物就能整理完毕，什么都没有，包括我们相当一级的高级将领也什么都没有，就是这身军装，两个大口袋，这边是一口袋烟叶子，可能还有一个小烟袋，那边是笔记本，大一点的干部有一支钢笔。解放战争中有很多外国记者在战场，他们有一个疑惑就是分不出共产党军队的官和兵，后来他们内部流传一个经验，说这个人背后拉着一匹马他就是当官的，如此而已。

淮海战役不好打，用毛泽东的话说这是一锅夹生饭，淮海战役是违反了我们一般的军事原则的，我们的军事原则是以优势兵力打歼灭战，在淮海战场上我们的军队总数从来没有超过对手，最高的时候我们60万对方80万，兵力不占优势。但是我们看到邓小平的一个动员，他说包括我和刘司令在内，我们都准备烧铺草。当地老百姓有一个习惯，人死了以后要把他睡过的铺草拉到野外烧掉。邓小平说到做到。刘邓在淮海的指挥部在战场的腹地，离前沿咫尺之遥。世界战争史上没有哪一个统帅把自己的指挥部设在这样的地方，那不是玩命吗，就是准备烧铺草了。

淮海战役中一位叫鲁瑞的营长牺牲了。他是知识分子出身，军装总是干干净净的，老百姓喜欢他，战士们更崇敬他。整理他遗物的时候，他身上有一个笔记本，一兜烟叶，口袋里还有一副扑克牌，这副扑克牌是他自己用硬纸片儿做的，梅花方块是他用抠好的萝卜自己印上去的，战斗间隙在坑道里要和战士们耍上几把。有一张扑克牌背后有一行小字，是这样一句话：我是淮海人，我将要在这次战斗当中贡献我的一切。这不是英雄主义精神吗？这不让我们今天还心灵震撼吗？

有一点我们要永远牢记，我们的胜利是人民给予的。没有老百姓的支持，共产党人得不了天下，这是一个铁的历史事实。谁是英雄豪杰？谁是我心目中最高大的英雄？人民。解放战争是人民支援军队的战争奇观，世界上任何一场战争都不会有这样的奇观。

在战场上，两军在互不知情的情况下往一个地方碰撞，这个时候保密尤为重要。我们保密保得极好。彭德怀说过一句话：你知道什么叫守口如瓶吗，在解放战争当中我们老百姓就是守口如瓶。美国有一位记者曾经说过这样一句话，说中国的穷苦百姓有这个本事，他能够让战争中的国民党军一无所知。毛泽东转战陕北的时候身边有200来人，指挥着全国的大战场的总指挥部简直就是一个小小的游击队，在山里转来转去，往往和追击的国民党部队就隔着一个小山包。毛泽东为什么心里踏实，毛泽东说：在老百姓中间最安全。清风店战役时，杨成武的部队和傅作义的三十五军打。耿飚那个时候是参谋长，三十五军的动向他一清二楚，为什么？不停地有老百姓上百里跑来给他送情报，国民党到哪儿了，进哪个村了，大炮支在哪边，有几门，有多粗；做的什么，吃的什么，无论什么都向我们报告。解放战争当中人民群众有一句话叫“毁家支前”，不要家了也要支持解放军作战。打临汾的时候有一个细节，为了攻城需要木材，老百姓就把自己家的门板卸下来了，给前线送去门板26万块。老百姓的家本来就一贫如洗，再没有门板那还叫家吗？那不门户洞开了吗？我们的官兵走过老百姓没有门板的家，说拼死也要把临汾城打下来，不然对不起乡亲们。淮海战役的时候我们60万人，支前的老百姓有

500 多万，平均九个老百姓支援我们一个战士。国民党军可享不了这个待遇，他们走到哪儿，水井都填了，不让你喝水；要不然就没影了，都见不到人了。而我们行军还没到村呢，村干部就迎上来了，我们的营房在老百姓家里，我们的病床在老百姓的炕上。

人民的信任，人民的支持，是革命英雄主义最可靠的来源。不为人民谋利益还叫什么英雄好汉？我再一次重申一个词，叫"公信度"。解放战争后期，国民党军队败局已定，于是国民党内部开始争论，找失败原因，众说纷纭，有一种舆论说是经济危机闹的。我看到一篇文章反驳说，你不是说经济危机导致你垮台吗？请问共产党有银行吗？共产党发行的钞票印得非常粗糙，有的干脆就是一个布条，想写上几块钱就是几块钱，这是他们的货币，但是这个布条得到了人民的信任，他们有政治和经济上的公信度，所以共产党人取得了胜利。

水可载舟亦可覆舟，这是永远的真理。现在不是流行精英二字吗，我说，不管你是什么精英，离开了老百姓你什么都不是。

三、英雄主义不仅仅是极端环境下的特例，也是健康社会的精神常态

英雄主义是一种生活态度，是一种人格取向，英雄主义就在我们生活当中。我们现在常常听到年轻人的抱怨，说的最多的话就是我郁闷啊。不愁吃不愁喝，但他郁闷，快乐二字在当今生活

中是奢侈品。

心胸狭窄的人当不了英雄，不具备英雄气质，真正的英雄是生活的强者。

我见过快乐的人，他们的快乐是从内心流露出来的，就是我在长征路上见到过的红军老战士。在藏区的土房子门口坐着个老人，一看就不是藏族人，但他至少有八十多岁了，一问是当年红军留下的小伤员，担架上有几块银元，留在藏民家里，从此给藏民当儿子了，一直到现在。采访的时候他什么都不知道，什么也想不起来，勉强想起来还是错的，甚至他家乡在江西、在湖南哪个村也搞不清楚了，忘了。但是有一样，唱起歌来的时候一点都不糊涂，歌词清清楚楚足以让我记录下来。没有牙了，哼哼唧唧地唱，那个时候脸上才有点笑容。我在想他年轻的时候尽管面临很多死亡、饥饿、困苦，但是他曾经快乐过，这种快乐的记忆在他人生当中刻骨铭心。

我赞同文化的多元化，但是有一个原则，多元化的文化当中必定要有主流，这个主流就是民族的自豪感、民族的共同的价值取向，就是我们现在说的核心价值观。不然的话，这个民族靠什么生存?

一个民族不追求民族的荣耀，不追求民族的精神，这个民族就很萎靡。我最近看了部叫《2012》的灾难大片，就这么一部片子美国人还忘不了他的主流文化，你看他把那个美国总统塑造得多么完美。他们要树立自己国家的形象、民族的形象。而我们的大片，我们的文学缺失的是什么，不言而喻。现在推崇娱乐至上，娱乐至死。娱乐我没有意见，但是健康的娱乐是什么呢？我觉得无论什么样的娱乐，它的主流必定是让心灵能得到某种滋养。弘扬道德这句话好像不太中听，但是我们细想一下，人类文明史上的经典哪一部不是具有这个内涵呢？人类道德的建立、延续、传承就是人类进步的一个动力，这还需要争论吗？可惜的是这样的基本原理到今天还争论不休，真是咄咄怪事。

经济发达不是现代化的唯一标志。我们不是老说要富强起来吗？我认为“富”和“强”是两个概念。富起来容易，强起来就不那么容易了，富而不强的先例世界史上比比皆是。很富有但内心脆弱，内心苍白，一击即垮。什么叫强？一个民族和国家真正的强，除了经济实力强之外，更重要的是民族精神的强大，是具有道德魅力的人文精神和集体意识的确立，是对内具有凝聚力、对外具有影响力的强大的民族价值体系，拥有了这个你才能说你强。

什么叫社会主义核心价值观，就是建立一个民族持续发展的精神支撑点。在汶川地震当中我受到了感动，老说一代不如一代，我不大同意这个观点，我看没有哪代垮掉。汶川地震当中，80后也好，90后也好，我们的青年人表现出的爱国主义精神，那种大情大爱令我很感动，我觉得我们民族有这些青年就有希望。但是有一点我们也不能否认，就是我们现代的软骨病依然存在，我们与英雄主义的情结在日益疏远。一个外国记者采访我们的大学生，问你们知道邱少云吗，有学生居然说我们知道这个傻冒，这件事让我感到非常难受。

我写的是战争，但我不希望发生战争。我希望我们的父老乡亲永远生活在和平年代。但是英雄主义应该充满我们的日常生活。一个人一旦把自己的命运和国家的、民族的命运联系在一起，树立起能够支撑我们精神不倒的英雄主义精神，你的人生必定是快乐的，你的人生必定能够成功，我们国家、我们民族的前程将充满希望。

（本文根据王树增2009年12月26日在中央国家机关“强素质，作表率”读书活动主题讲坛上的讲座内容整理）

主讲人：吴国盛

吴国盛，1964 年 9 月生于湖北广济。现任北京大学哲学系教授、博士生导师，北京大学哲学系科技哲学教研室主任、北京大学科学与社会研究中心主任、北京大学科学传播中心主任，兼任中国科学技术史学会副理事长、中国自然辩证法研究会科学传播与科学教育专业委员会主任。主要著作有《科学的历程》、《反思科学》等。

百年科技的历史回顾与哲学反思

百年科技的历史回顾与哲学反思

19 世纪是第一个科学的世纪，20 世纪是第二个，当然也是离我们最近的一个。科学的社会化和社会的科学化是科学的世纪里两个基本的标志。科学的社会化是指科学家不再是个人关在屋子里头自己拍脑袋想，相反，科学研究成为大规模的集体协作的行为，即所谓的大科学，这里面包含着全社会的支持以及科学共同体大规模的系统运作。社会的科学化则是说社会的运作按照科学的模式进行，例如流水线生产、工厂和学校里严格的作息制度、交通秩序等等，都按照科学在实验室里所规定了的秩序来进行。

今天要讲的主要内容就是 20 世纪是如何完成科学的社会化和社会的科学化的。我们分前半叶和后半叶两段来讲，每一段再讲两个部分，先讲理论科学后讲应用科学。20 世纪整个的一百年里，理论科学的发展基本上可以概括为两次科技革命和四大理论模型；应用科学也可以概括为两大超级能量和两大生活技术。

两次科技革命的第一次指的是在19世纪20世纪之交物理学领域发生的科技革命，包括相对论和量子力学的出现。第二次科技革命，在我看来还是一个正在进行中的、尚未完成的革命。这场革命发生在20世纪后半期，就是非线性科学的革命。四大理论模型是在20世纪快结束的时候基本形成的。这四个模型包括宇宙学中的大爆炸模型、粒子物理学中的夸克模型、分子生物学当中的DNA双螺旋模型、地学中的大地板块模型。也有人说还可以再加一个计算机领域的冯·诺伊曼模型。这四个模型或者五个模型大体可以表达20世纪最重要的一些理论成就。当然不是说其他的成就不重要，而是说这几个成就格外重要，因为它们构成了20世纪理论科学发展的一个平台。

应用科学的两大超级能量，第一个能量就是核能量的释放，包括核武器的研制、核能量的释放和利用等。这个可以称之为超级能量的释放。第二个是登月工程。登月工程之所以能够称为一种超级能量，是因为它代表了人类对地球引力的征服，代表了人类走向太空。这是人类自古以来从未想象过的一种现实，可以称它为一种超级能量的开发。

那么什么是两大生活技术呢？这指的是20世纪后期发生在我们眼前的两种技术。第一个就是生物技术，第二个是信息技术。人有两方面的存在，一个是社会学存在，一个是生物学存在。人类的生物学存在正在经受生物技术的改造和改变，这是一种生活技术。人作为社会学意义上的存在，是一种交往性的存在。人是通过交往来认同自己的，每个人都要跟人家交往，把一个人关在屋子里老不让他交往，他最后不是发疯就是变成非人。但是交往是要依靠技术的，基本的交往技术就是信息技术。所以今天的信息技术就是我们的第二大生活技术。

我今天就要给大家讲这些内容，内容相当多，我只能相当简略地把其中一些有意思的事情给大家讲一讲。

我们先来看物理学革命。物理学革命分为相对论革命和量子力学革命。相对论基本上是家喻户晓的了，因为爱因斯坦是 20 世纪最大的科学明星。爱因斯坦曾经跟卓别林说，为什么所有人都喜欢你，是因为他们都理解你；为什么所有人都喜欢我，是因为他们都不理解我。这就反映了爱因斯坦的相对论非常难理解，不要说一般大众，就是学物理的要真正地理解相对论也是很不容易的，所以爱因斯坦就开了这么一个玩笑。

大家知道相对论分为狭义相对论和广义相对论。狭义相对论主要是在时间空间问题上的一场革命，关键是引出了同时性的相对性。比如说现在我们正在宣武门搞讲座，此刻天安门那儿有一场隆重的仪式，那么在什么意义上说，此刻天安门和宣武门的两个事件是同时的呢？你可以说我们看表看到是同时的，都是 9 点钟开始，那边也 9 点，我们这儿也 9 点。可是这毕竟是两块表，如何才能知道它们是一致的呢？的确，我们不能肯定现在这块表定的时间和天安门广场那块表的时间完全一样，因此讲同时性就需要对钟。爱因斯坦说，你必须告诉我你是怎么对钟的，他要求同时性要有一个操作的定义。由于要对钟，所以需要信号。最快的信号是光，可以用光来对钟。但是光的速度仍然是有限的，这就意味着在对钟的过程中光信号从天安门传到宣武门是需要时间的，这就会遭遇一种相对性效应。一个静止的人看你对钟和一个运动的人看你对钟，对出来的是不一样的。爱因斯坦借此提出同时性的相对性，也就是说，对于一个参照系中的观察者来说是同时的，对另一个参照系的观察者就不是同时的。根据这个同时性的相对性，爱因斯坦就推出了他所谓的狭义相对论。同时性的相对性还比较好理解，但由此出发得出了很多很古怪的结果。

第一个古怪的效果叫尺缩钟慢。在不同的参照系里的人看来，尺子的长度是不一样的。一个运动的尺子会比在静止时短，这个叫尺缩；运动的钟要慢一点，这是钟慢。这个尺缩钟慢效应不是任何外力作用造成的，就是参照系本身造成的，是运动学效应不是动力学效应。由于运动是相对的，你看见我的钟慢了，我看见你的钟也慢了，那么到底是谁慢了呢？由于处在不同的参照系，这个问题是没有意义的。但是，要是让一对双生子派一个人先出去跑一圈再回来，由于他们都会发现对方时钟慢了，生命的生长也慢了，于是对方都比自己年轻了，这样再次碰面就会出现悖论：到底是哪一个更年轻？这就是著名的双生子悖论。这个悖论在狭义相对论里解决不了，只有在广义相对论才能解决。大家知道，一个宇宙飞船飞出去又飞回来，它必然要经历一个加速运动才能飞出去，飞出去之后要想再回来，它又要经历一个减速运动。一加速一减速就不符合狭义相对论的条件，就是广义相对论处理的问题了。经历了加速场的人，按照广义相对论来说，他应该是绝对地变年轻了。因此按照广义相对论，这个双生子悖论是可以解决的，答案是坐宇宙飞船出去转一圈的那个人变年轻了。这是我们要说的尺缩钟慢效应。

还有一个很重要的推论，就是很多人都知道的质能转化公式，$E=MC^2$，E 是能量，M 是质量，C 是光速。根据这个公式，稍微有一点点质量的损失，可以变成巨大的能量。过去分别有质量守恒和能量守恒，现在两者是一回事，合起来叫质能守恒，这也是狭义相对论所得出的结论。

接着我们说一说广义相对论。广义相对论处理的是加速问题。牛顿力学里面有两个质量，一个是牛顿第二定律规定的那个质量，我们称为惯性质量；另外一个是万有引力定律里面的，叫引力质量。在牛顿时代，引力质量和惯性质量被认为当然是同样一个质量，但是这个并没有予以说明。爱因斯坦认为，这两个质量的同一性实际上表明了引力场和加速场的等效性。说白了就是，引力场和加速场本质上是一回事。爱因斯坦最喜欢用电梯做思想实验，历史上称为爱因斯坦电梯。比如说你坐在封闭的电梯里，并且用台秤称自己的重量，现在你发现台秤上显示你的重量大于你的体重，那么爱因斯坦说，你不能肯定究竟是你所在的电梯正在向上加速运动，还是地球的引力突然增大了。这就是加速场和引力场两者不可分的意思。根据这个等效原理，他推出了广义相对论。

广义相对论也有很多重要的预言。其中最有意思的一个推论就是，他认为物质和空间之间不能够像过去那样看成相互外在的两个东西，比如说空间是一个篮子，物质就像篮子里的菜；空间是那个书架子，物质就是书架上的书。爱因斯坦说这是不对的，实际情况是，空间变成了物质的某种几何性质。广义相对论主张，有什么样的物质，就会有什么样的空间。就好比篮子装了菜，篮子就发生变化；书架装了书，书架会发生变化。任何有质量的物质都会引起周围空间的弯曲，质量越大、引力场越大，空间弯曲得越厉害。过去我们认为月亮绕地球转，是因为有地球的引力在拉着它，现在，按照广义相对论的说法，恰好是因为地球的引力场让地球周边的空间变弯了。月亮某种意义上是在走一个直路，只不过空间弯了，它走的直路在我们看来也是一个弯路。

空间弯了，一向走直路的光线当然也会弯曲。这个说法当然是非常奇特的，一般人觉得不可思议。爱因斯坦说只有在特别强大的引力场之中，光才能发生弯曲。我们地球周围最大的引力场就是太阳，太阳质量最大，可是白天太阳很亮，没有办法用它来判定光线在经过它时是否发生了弯曲。但也有办法，就是等日全食，月亮正好把太阳全部遮住的时候，我们再来看一看处在太阳背后的那个恒星的光，能不能绕过太阳被我们看见，如果能的话就证明爱因斯坦说得是对的。这件事情正好发生在第一次世界大战之后，英国的爱丁顿率领一个考察队专门去考察日全食的时候光线是不是发生弯曲，考察的结果居然是真的发生了弯曲。当时就一下子轰动了，爱因斯坦从此成为家喻户晓的科学家。

我们讲这些基本的东西，是想说明爱因斯坦的相对论，对人类关于时间、空间、宇宙的基本观念产生了一场革命性的转变，因此我们说爱因斯坦是 20 世纪的一个科学革命家。下面我们再来讲讲量子力学。量子力学从某种意义上说，比爱因斯坦的相对论还要深刻，它所包含着的革命性因素还要多，主要表现在几个方面。

第一个是微观领域里物质的波粒二象性。微观粒子既表现出波的特性，又表现出粒子的特性。粒子的一个特点是它有个定义明确的界限，有自己独一无二的位置。波则是一个弥散的东西，不能说波在什么位置，波是处在整个空间之中。这本来是两种完全不一样的物质形态，但量子力学发现，微观粒子既像是粒子也像波。比如说这间屋子有两扇门，我们每个人进来的时候只能从一扇门进来，你不能说我同时从两扇门进来的。可是量子力学发现，微观领域的粒子就是从两扇门进来的；同样，它也是从两扇门出去的，因此，你就不好说它出去之后究竟在什么地方。

第二个叫做测不准原理。一个粒子的能量和时间、质量和动量不能够同时精确测定，也称为不确定性原理。为什么量子领域会发生这个事情呢？主要的一个原因是我们对量子领域的现象必须通过实验才能了解，可是实验总是会对对象有干预。比如说一间黑屋子里面有一个球，现在我们来问这个球在什么位置，当然我们不知道在什么位置，因为屋子太黑了我们看不见。为了知道它在什么位置我必须把灯打开。可是把灯一打开之后，那盏灯的光线就对那个球产生作用。对一个宏观的球来说，光线不大可能对它产生什么明显的影响，可是在量子微观领域，这个光子跟这个球差不多，它就完全有可能把球打到不知道什么地方去了。即使你打开灯之后看见那个球在某个位置，你也不能说没打开灯之前那个球在什么位置。如果你不开灯你看不见，一开灯球又变了位置了，这就是为什么量子力学说搞不清楚它在什么位置的一个根本原因。

量子力学还有很多这类稀奇古怪的现象。经常有物理学家自嘲说，如果你在学过了量子力学之后没有意识到自己根本不懂量子力学，那么你就真是不懂量子力学；只有当你知道自己不懂量子力学之后，你才能说自己稍微懂得一点量子力学。量子力学在20世纪初产生后，与实验符合得非常好，成了整个20世纪科学的一个基本的平台。今天诸位都用了手机，用了电子设备，其实里面都包含着量子力学的理论成就。量子力学我们就讲到这里。

下面我们讲讲四大理论模型。

四个理论模型里面宇宙学和相对论联系最深。牛顿以来的宇宙学基本上就没了，因为宇宙被认为是无限的，无限的宇宙没法研究。爱因斯坦相对论提出来之后，他发现可以把宇宙整体作为一个研究对象，建立方程。这个宇宙方程导出的解都表明宇宙不是稳定的，但他当时觉得宇宙总体上应该是一个稳定的东西，所以他加了一个宇宙学项，强行从相对论宇宙学中导出了一个静止的宇宙模型。也有一些数学家试解爱因斯坦的宇宙方程，提出了好多数学方案，这些方案都表明宇宙是不稳定的。由于没有观测证据，数学家自己算着玩，也没有人当真。

有意思的是，大概在上个世纪20年代末，美国的一位天文学家叫哈勃——哈勃望远镜就是以他的名字命名的——发现银河系外面的星系都有红移现象。红移就是光谱向红端移动，向低频段移动，人们马上联想到多普勒效应。多普勒效应很简单，说的是一个运动的振动源在观察者看来，振动的波长和频率都是要发生改变的。我们都有这个经验，一列火车鸣着汽笛向我们开来的时候声音越来越尖锐，离我们而去的时候声音越来越低沉。这不是因为它这个汽笛声调发生了变化，而是因为我们和火车之间的运动关系发生了变化。它向着我们来的时候是越来越尖锐，声音的频率发生了蓝移；离我们而去的时候声音越来越低沉，发生了红移。河外星系都有这样的红移现象，这就意味着所有的星系实际上都在离我们远去。如果所有的星系都离我们远去，这就意味着整个宇宙都在膨胀。

这个观察证据发现之后，立即就被人联想到那些数学家所给出的宇宙膨胀模型。理论与观测相遇了，现代宇宙学就这样成长起来。如果说宇宙在膨胀的话，那么往回追溯它应该越来越小，小到一定地步应该就变成一个点。从点状如何膨胀出一个宇宙?点之前又是什么东西? 这就是一个大问题。宇宙学家提出一个理论说，宇宙是从高温、高压、高密度的起点状态爆炸过来的，爆炸瞬间之后，是一团宇宙雾，或者说一锅宇宙汤，随着温度慢慢变低，依次产生现在我们看到的这些物质，核子啊、电子啊这些东西，后来慢慢再出现星系、星云，出现行星，整个宇宙就出来了。在冷却的过程中实际上还有一点点雾没有彻底冷却，这个很稀薄的一层雾始终还在，大概相当于绝对温度三度这样的辐射，是早期宇宙汤的一个遗迹。这个遗迹后来居然也被发现了，这个发现也是非常巧的。几个搞射电天文的人做了一个射电望远镜，怎么调试也不能复零，老有一点本底噪音。这个本底噪音当时被认为是望远镜没做好的一种表现，他们很苦恼，在普林斯顿大学吃饭的时候跟同事们谈起来，说者无心听者有意，旁边的理论宇宙学家一听，这个本底噪音不就是宇宙背景辐射吗？他们于是结合起来研究，证明那个本底噪音就是宇宙汤在冷却过程中留下的那一点点雾，称为微波背景辐射。这个辐射的发现就成了对热大爆炸宇宙模型的一个有力的支持，这个模型从此就有力地确立下来了。这个模型也很受理论物理学家喜爱，因为很多高能物理实验在地面上不好做，做不出来，但有了这个模型，我们就可以虚拟地在宇宙早期去做。因为宇宙早期温度又高，密度又大，成了理论物理学家很钟爱的一个模型，他们可以在这个模型的基础上做思想试验。

第二个模型就是所谓的夸克模型。大家知道一分为二的思想。所有的物质都是由分子构成，所有的分子都是由原子构成，所有的原子都是由原子核和电子构成，原子核由质子和中子构成，质子和中子由基本粒子构成，还能不能接着分下去呢？过去我们说一尺之棰，日取其半，万世不竭。可是问题是，你想是可以这么想，但能不能真的分得下去要靠科学来说话，要做实验。实验结果却表明，这个夸克模型分不下去了。因为到了量子领域之后，质能转换关系开始起作用了。打个比方说，你用刀去切苹果，在宏观领域里，苹果是苹果，刀是刀，是两个不同的东西。可是到了微观领域，代表着分解方的刀和代表着被分解方的苹果是可以互相转换的，相当于说，你切着切着，刀切没了，变成苹果了。本来应该是苹果越切越小，由于刀切没了，转化成了苹果，因此苹果被切之后有可能变成两个更大的苹果。由于质量和能量可以相互转化，高能粒子在切割的过程中并不是越变越小，这样一来，所谓的无限可分就变得没有意义了。夸克模型认为夸克实际上根本打不开，一个很重要的原因是你敲击的能量越大，它禁闭的能量也越大，所以根本就打不开。这是夸克模型。

DNA 双螺旋模型大家都很熟悉了。今天我们处在一个生物技术的时代，基因的时代。基因时代之所以能够到来，与 DNA 双螺旋模型的发现是有关系的。过去我们只知道有基因，基因在染色体上，那么具体来说基因是什么样，有什么样的内在结构，过去都不知道，现在都搞清楚了。50 年代有两位英国的年轻人，在前人工作的基础上最终发现了 DNA 实际上是两个链缠在一起，缠成的一个双螺旋，有了这个双链条模型后人们才能精细地对基因进行研究和加工。今天我们知道的基因复制、基因修补、基因重组，都是建立在这个 DNA 双螺旋模型的基础之上。所以这个模型对于今天生物科学的发展，对于我们生物技术的发展都是功莫大焉。但是大家也要注意到，DNA 双螺旋模型的发现是与微观物理学的发现有直接关系的，刚才我们讲的量子论和相对论都是有贡献的。因为 DNA 这个东西很小，必须用电子显微镜来看。电子显微技术实际上是建立在当时量子力学这样一些物理学基础之上的。所以从某种意义上说，这个 DNA 双螺旋模型的发现，理论物理学也是有很大功劳的。

我们过去只知道大地有纵向的运动，地震就是典型的纵向运动，上下动。人们从来没想到大地还有水平的运动，地那么大的东西怎么会水平运动呢。但是有些人就注意到了，我们的世界地图几大块之间的关系，实际上暗示了它过去可能是一个整体。有一位地质学家叫魏格纳，有一天他躺在床上看世界地图就发现，非洲大陆跟美洲大陆边界好像能接上，他就想是不是早期它们是一整块的，后来才分开的。这个思想当然过于大胆了，人们很难设想地球那么大的玩意儿还能够水平运动。他有了这个设想之后，就想去验证它，而且写了书，但是得不到大多数人的认同。所以这个大地水平运动理论，一直经历了大概半个世纪的争论，反复地研讨，最终在 60 年代得到了地质学界的认同，被认为是地质学中的一场革命。这场革命确立了大地的板块模型，以及这个板块的漂移运动。有了这个板块模型，所有的关于地质、地球物理的研究就有了一个崭新的面貌。所以板块模型也被认为是 20 世纪最重要的一个模型。

第五个模型我们讲的是冯・诺伊曼模型。冯・诺伊曼模型是计算机领域的一个模型，今天我们用的电脑基本上都属于冯・诺伊曼机。冯・诺伊曼机的一个基本原理就是把操作程序代码化，把数据和程序储存在一起。大家知道我们今天的硬盘里既存数据，也存软件。软件就是操作程序，数据是我们用的，比如说文字、图像等。冯・诺伊曼发现把它们混在一起可以提高效率，过去这两个部分是分开的，操作是操作，数据是数据，但是运算速度很慢。冯・诺伊曼提出来把两者混在一起，统一编码，这样就大大地提高了计算机的运算速度。今天我们用的电脑依然属于这个范畴。因此有人认为冯·诺伊曼模型也是20世纪最重要的理论模型之一。

20世纪理论方面的一些成果，我们就讲到这里，接下来我们要讲一讲技术了。只有在讲技术时，我们才真正地领悟到科学与社会之间一些复杂的关联。

我们先来讲一讲核能量的开发。核能量的开发非常典型地表达了科学的社会功能，科学与社会之间的相互作用、相互关系。核能的开发直接根源于核物理学的发展，没有核物理学就绝无可能有核能量的开发。而核物理学、粒子物理学、高能物理学，都奠定在20世纪初相对论和量子力学的革命之上。因此，从某种意义上说，核能的释放是20世纪前期物理学大发展的一个必然的产物。核物理学发展早期的人们并没有意识到，核能量真的可以开发。当时的一些新闻记者问爱因斯坦，$E = MC^2$ 这个公式意味着质量的微小损失就可以带来大量的能量，你觉得它将来能不能造福于人类。爱因斯坦说这根本不可能，完全只是理论上的可能性。爱因斯坦这样的伟人都没有意识到，其实核能的开发已经近在眼前。

但是事情进展很快，到了30年代初期的时候，核裂变以及通过高能粒子轰击造成链式反应的机会就有了。链式反应就是指用一个高能粒子撞击一个核，撞的过程中损失一定的质量带来巨大的能量，撞击的结果是出现了更多的适合做轰击炮弹的粒子去轰别的核，这样一来就像滚雪球一样，轰击过程越闹越大。这个链式反应一旦成立，核能的释放和开发就成为可能。大家知道，

30 年代初正好是第二次世界大战的前夜，那时候希特勒刚刚上台不久，叫嚷要振兴德意志民族，排斥犹太人，叫嚣着要报第一次世界大战的仇。人们很担心，因为当时德国的物理学非常发达，可以说是世界第一物理学强国，所以欧洲其他国家的物理学家就很担心，实验室里核能的释放最终可能会变成核武器，而德国人优先拥有这个武器对人类来说不是个好事。所以当时就有科学家很着急，希望物理学家是不是能够放慢研究的速度。放慢一点科学研究的步子，这是人类历史上第一次科学家主动站出来说的。过去认为科学总是好的，科学总是在造福于人类，科学家总是在做好事，我们要把它做得越快越好。可是核能的释放一开始就遭遇了这么一个难题，当时就怕被坏人所利用，所以反而希望不要搞或者搞慢一点。但是这个设想没有得到认可，因为近代科学的一个基本的原则就是学术自由、出版自由、研究自由。研究没有禁区，不能够轻易破坏这个自由研究的原则，所以核物理学还在飞速地发展，特别是那些德国物理学家都很厉害。转眼间就到了 30 年代中期了，纳粹排犹更加厉害，很多有犹太血统或者背景的物理学家都跑了，大部分跑到美国去了。爱因斯坦也跑到美国去了。美国人在战后之所以成为世界强国，很大程度上是发了战争大财，特别是发了人才财，希特勒把一些优秀的科学家都挤到美国去了，所以美国战后立即成为世界的科学强国。当时一些科学家到了美国之后，继续担心德国人会抢先把核武器造出来，就希望美国人也抓紧造。美国人如果抓紧先造出来的话，就可以遏制德国人。但是核武器是个新玩意儿，谁都搞不清是个什么东西。

美国当时的总统罗斯福也搞不清楚。那时候马上要打仗，国家的事情很多，所以那位希望美国人尽快研制原子弹的匈牙利籍犹太物理学家希拉德就到处找人签名。他先找爱因斯坦，爱因斯坦那时候已经到了美国，他的名气很大，而且他也很爽快地签了。有人说爱因斯坦是原子弹之父，其实算不上，他那个质能转化公式离造核武器还远着呢，至于他在信上签了名，其实那封信并没有引起美国总统的注意。

后来真正发挥作用的是美国的总统科学顾问。美国的总统科学顾问给罗斯福总统讲了拿破仑忽视蒸汽机驱动轮船这项发明的故事，对罗斯福说，你看看由于军事家、政治家缺乏远见、缺乏想象力，结果就没有把蒸汽机用在军舰上，你设想一下如果当年拿破仑用了富尔敦这个军舰的话，那英国很可能就没了，现在的世界格局就完全不一样了。这个故事打动了罗斯福总统，罗斯福当即就说立即上马这个事。这就是大家知道的著名的曼哈顿工程。

曼哈顿工程大体分成三个部分。第一个部分是物理学家去搞反应堆，即可控的链式反应。你得让它反应起来，还要可以控制，别最后不可控制把整个地球都炸了，必须把它控制住，让它反应它就反应，让它不反应它就不反应。这个事情是在芝加哥大学由一位来自意大利的物理学家叫做费米的来主持。第二个工作就是要提纯大量的铀，铀就是用来做核武器的原料。天然的铀矿不纯，需要把它提纯。据说为了铀的提纯，花了美国当时全国电力的三分之一。为了造一个核武器，把美国一个国家的用电量三分之一都耗掉了，可以想见造这个核武器是一个大规模的协作行为。没有政府的投资，没有政府下那么大决心，是不可能做出来的。第三个部分就是组装炸弹。当时一下子造了三颗炸弹出来，第一颗炸弹先在戈壁上试爆了一下，结果威力无比，当时的核物理学家都吓得浑身发抖，腿都软了，没想到能量这么大。

这个核武器造出来的时候，时间已经到了 1945 年初，这时的德国已经不行了。盟军的特工到了德国境内去侦查他们的核武器的研制点，发现德国人根本搞不出来。这个消息传回美国之后，美国科学家就慌了，说过去我们造核武器是怕德国人抢了先，我们要遏制它。现在知道了德国人根本造不出来，我们还造不造那个核武器呢？物理学家多数说不造了，可是国家不同意，现在由不得你了，我们美国已经花了这么多钱、花了这么多人力物力，全国那么多电力都被你耗掉了，现在不造也得造了。科学一旦引入政治和军事领域，科学家的发言权就变得很有限了。结果还是造出来了。造出来以后又争论，究竟要不要扔这个东西。当时的科学家都说我们是不是不要扔了，能不能组织全世界的人来看一下，威慑一下就行了，看看能量有多大。美国说不行。当时德国已经投降了，但日本还在顽强地抵抗。在太平洋的诸岛上美日之间是一个一个地角逐。虽然当时的科学家们反对对日使用核武器，但军方说我们的美国青年每天都在对日前线上牺牲，早一点投核武器对我们是有好处的，可以早一点结束战争。结果美国就发布了一个最后通牒，通牒说得也比较含糊，说你再不投降我就给你毁灭性打击，没有说毁灭性打击是什么意思。日本人当然不听它这一套。8 月 6 号美国就在广岛投了第一颗原子弹。投了之后日本国内的核物理学家到广岛去勘察究竟是不是核武器。他一去就知道是核武器，当时就吓坏了，但消息没有及时地返回来。日本军方还是很强硬地不肯投降。结果两天之后美国又在长崎投了一颗。这颗投下去之后，日本人立马就在当天宣布无条件投降。

从核武器研制到运用的过程中可以看到科学技术和社会中包含着多种因素，犬牙交错在一起。核武器出现了以后，立即变成了一种超级能量，并且最终转化为一种政治权力。所以战后各国竞相研制核武器。所谓核军备竞赛，就是美苏两个超级大国之间为争夺世界霸权搞的。谁掌握的核能量越多，他就越厉害。我们中国也要研制核武器，两弹一星里面有一弹就是核弹，包括原子弹和氢弹。过去那个时候联合国安理会五个常任理事国，正好是五个有核国家。你没有核武器根本就没有发言权。有了核武器之后，我们才真正成为一个大国，才真正成为一个在安理会有发言权的国家。许多海外华侨听说我们核武器研制成功，那是非常激动的。知识就是力量，科学就是力量，这一点在 20 世纪表现得最充分。核能量的开发充分表达了科学成为一种超级能量的过程。

讲完核武器，我们再讲讲航空航天计划。重要的科技进展都和战争有关系，这一点是耐人寻味的。航天计划也和二战之后的冷战有关系。二战之后没有出现第三次世界大战，但有冷战。冷战就是两个超级大国互相背对背，也不喊打，但是都互相较劲。

冷战里面最重要的一个工程就是阿波罗计划。阿波罗计划就是登月计划，是一项重大的航天计划。美国在二战之后有了核武器，又有了高速飞机，挺洋洋得意的，开始时对这个火箭不是十分关心。航天需要火箭，因为普通的飞机是在空气里运动。空气有两个用途，第一个是提供浮力，飞机靠两个大翅膀可以浮在空中；第二个可以作为助燃剂燃烧。但是进入太空就没有空气了，靠飞机是不行的，需要火箭。火箭技术最厉害的本来也是德国，德国人冯·布劳恩是一个火箭奇才，20 来岁就成为德国火箭总监。当时德国用 V2 火箭打英国，把英国人打得没有办法。德国失败以后，苏联人想起找火箭，结果把火箭工厂包围了，但冯·布劳恩跑掉了。苏联人就把那些东西都给缴获了运回苏联。美国这边更厉害，他把人给抓住了。美国把人抓住以后也是运回美国。冯·布劳恩到了美国之后，很快就效忠美国帮美国干。开始美国人不重视火箭技术，又让苏联占了先。我们知道第一颗人造地球卫星、第一次载人上天都是苏联人占先的。在苏联人把加加林送上太空又把他安全运回来之后，美国国内一片哗然，纳税人纷纷谴责政府。所以当时的美国总统肯尼迪就发狠，宣布美国要在十年之内把一个美国人送上月球，而且让他安全回来，借此平息一下民间的愤怒，于是就上马了著名的阿波罗计划。

阿波罗计划分几步走。最终是没花十年，从 1961 年到 1969 年，八年时间它就实现这个计划了，宇航员柯林斯、阿姆斯特朗还有阿尔德林三个人完成了人类首次的登月任务。阿姆斯特朗第一个踏上了月球的土地。他说了一句名言：这一步对一个人来说是一小步，对人类是一次飞跃。这次登月之后，美国又有好几次登月活动。苏联为什么后来始终没有上去，因为它的火箭技术始终不太过关，经费消耗太大也是一个原因。阿波罗计划一方面是高科技，另一方面是高耗费，没有国家的支持和介入，这么大的工程根本就搞不下去。

大家可以注意到，这两次超级能力的开发有几个共同的特点。第一个它是与科学理论上的高度发展直接相关的，核物理学尤其典型。第二个它是与政府和国家的大力支持密不可分，没有国家力量的介入是根本不可能的。国家为什么会卷入这件事情，也是因为这个超级能量本身就代表着这个国家的实力。所以今天的科学技术已经不单纯是一个科学家个人的事情，而是一个国家一个民族一个社会的事情。每一个公民都有权利、都有义务来参加科技决策，参加关于科技发展战略的一些讨论和思考。这是我们就这个问题所获得的一个结论。

下面我们再谈一谈 20 世纪下半叶的一些重大的技术运用。第一个先说一说所谓的第二次科学革命的问题。这场科学革命在我看来是比相对论、量子力学更加深远的一场思想变革，它要打破近代自牛顿以来的一些对世界的看法，参与这场科学革命的学科很多，非线性科学、复杂性科学、系统科学、生态科学都卷入其中。

这些新的科学都想破除传统科学里面的机械决定论思想。牛顿力学世界观的一个理想是，给定全部的初始条件我就能告诉你世界的过去、现在和未来。法国科学家拉普拉斯对此有一个形象的表述。他说只要有一个万能的计算者，你告诉他这个宇宙的初始条件，他就能算出宇宙的过去、现在、未来。在他看来，难题只在于有没有这样一个万能的计算者，世界的决定论特征是没有问题的。拉普拉斯的这个形象的说法，现在看来是有问题的。决定论的信奉者也是征服自然、改造自然的信奉者。我们因为能够精确地预言、预测，因此我们什么都不怕，我们可以无所顾忌地改天换地。因为我们能够精确地知道，我们对自然界的改造会造成什么样的后果。如果你不能够知道后果，那么人类对自然会有所敬畏。新的科学认为人类对自然的研究，并不能够获取完全的确定性。我们只能或然地了解世界，我们对于世界长远的后果没法了解。这就是所谓的非线性效应、复杂性效应、生态效应。过去有一个箴言说人算不如天算，就包括这个意思。历史上的许多原始文化、传统文化都强调要敬畏自然，主张自然的很多后果是我们难以预料的。但是，这个论调是近代科学所不理会的，近代数理科学传统认为自然界是一个确定的体系，现在看来这个信念过于理想。新的科学发现了路径依赖和初始条件敏感，就是说初始条件微小的变化将会非线性放大，放大到不成样子。通俗的讲法就是所谓的蝴蝶效应，说的是北京的一只蝴蝶扇一下翅膀，结果在纽约造成一场风暴。一个玩笑说，坏了一只马蹄铁，损失一匹战马，损失一匹战马带来一场小小战役的失败，小小战役的失败带来一场大战役的失败，大战役的失败带来战略性的失败，战略性失败带来国家的灭亡。这每一步都是非线性放大，结果是一只马蹄铁坏了导致一个国家灭亡了。非线性效应在现在看来不是个别的、孤立的，而是普遍的，处处都存在。过去认为整个宇宙尺度上，还是牛顿力学说了算，现在看来牛顿力学只能是小范围说了算，大范围反而都是非线性系统。我想这是一个很重要的观念革命。

第二个方面是整体论的出现。过去的科学都主张对世界进行分割、切割，把宏观的东西还原为微观的东西，把整块的东西切割成小的东西。我们先对小的、简单的东西进行研究，研究了小的东西，那么大的东西自然就可以拼出来了。所以近代以牛顿力学为代表的世界观，基本上是一个拼装、拆拼的世界观。我们做什么事、看什么问题，都先是把这个事情拆开了、分解了，模块、板块化。现在我们管理学里面经常搞模块化、板块化，其实就是来自经典科学里面的原子论思维。这种拆拼世界观、原子论世界观有个问题，就是忽视了世界、事物本身是个有机的整体，拆和拼的过程中肯定会损坏或者忽略掉有机的部分。我们都知道有许多东西是拆不出来也拼不出来的，这就是整体的东西。比如我们说一个和尚挑水吃，两个和尚抬水吃，三个和尚没水吃，这就是一个整体论效应。如果按照线性相加的原则，一个和尚挑一担水，两个和尚就挑两担水，三个和尚挑三担水。但这是原子论的思维，实际上并不是这么回事，和尚越多越没有水吃。这个效应你通过拆分拆不出来，拆出来之后的东西就像我们刚才讲的量子效应那样，有可能越拆越大，越拼越小，这就不是线性效应。

还有一个方面是，新科学确认了世界的不可逆性。牛顿力学根本上认为，一个物理系统是可以反演的。时间变成负的无所谓，反正牛顿方程里面的时间都是以平方的方式出现的。不可逆性早在19世纪后期热力学第二定律出现的时候就已经认识到了。人们发现一杯热水放在空气里面，它只会越来越凉，一直凉到和空气温度一样为止。从来没有一杯冷水放在桌上，能从空气中吸热把自个儿烧开了。可是按照牛顿力学，这种逆转原则上是可以的。宏观上看一个物理系统总是按照一个不可逆的方向发展，一杯水总是慢慢地变冷或者变热和室温保持平衡，从来没有越来越偏离室温的情况出现。这种不可逆现象让很多科学家很苦恼。因为所谓的热力学定律不过就是微观定律的一个宏观表现而已，微观领域的粒子肯定都是符合牛顿定律的，因而是可逆的，可是为什么微观里面是可逆的，宏观就不可逆呢？当时有一位奥地利的物理学家叫玻耳兹曼，一直在试图解决这个问题，结果到死也没有解决。最后他是自杀的，没解决这个问题很苦恼，自杀了。这个问题到现在也没有完全解决，但是新科学，就是非线性科学、系统科学、复杂性科学、生态科学都试图把这个不可逆性作为一个基本的现象来处理，而让牛顿力学的东西作为一个次级的现象。这是新科学的一个崭新的变化，这个变化将更加符合我们的日常生活经验。

科学与人文在现代之所以分裂，一个重要的原因就是古典物理学、古典科学不再关注价值问题，只关注事实，造成了事实和价值的二分。事实和价值之所以二分，是因为古典力学、古典物理学、古典科学所面对的对象是一个机械。机械本身是没有目的的，没有目的就没有价值。如果你把世界本身看成个机械，那么这个世界本身就谈不上什么价值，价值只属于人。于是，人和自然、事实和价值、科学与人文之间就发生了分裂。可是新科学认为世界本质上不是一个机械，而是一个有机体。这个有机体有自身的目的，有自身整体的效应。机械论理想局部是合理的，但是它是有限度的。因为根据特定的目的、特定的目标，我们可以把世界看成个机械，但是从根本上来看，世界并不是一个机械，而是一个有机体。这个有机体有整体效应，有非线性效应，它的变化过程是不可逆的。一个人只能由小孩长成青年，青年长成中年，中年变成老年，最后死掉，不可能倒着长，倒着长不是有机体的模式。想倒着长恰恰是机械自然观的一个必然后果。从这个意义上说爱因斯坦的相对论，特别是狭义相对论总体上看也还属于机械自然观的范围。爱因斯坦相对论是允许时间倒流的，逻辑上它允许时间倒流。其实可逆性思想已经遭到了新科学的质疑。

人生在世一个基本的东西是，过去和未来是不对称的。我们能够回忆过去，能够展望未来。你不能说我回忆未来，展望过去。过去和未来的不对称也是人生意义的根本来源。如果人没有这种不可逆性、不对称性的话，也就没有后悔问题、没有憧憬问题，就谈不上人生的意义了。所有人生意义和价值都根源于人生的不可逆性。可是，这个不可逆性恰恰在过去是不被科学所承认的。因此我高度评价新科学所代表的发展方向。当然，我们现在也很难说新科学是不是已经成熟了，是不是可以替代旧的科学了。从历史上看，新的科学从诞生到成熟需要好几百年。近代科学在西方也经过了大概二三百年的时间才确立自己。但是，总的来说，新科学的成熟将导致人类一种新的存在方式、新的生活方式。

我们最后来讲一讲目前还在方兴未艾的生物技术和信息技术。生物技术刚才说过了，来源于 DNA 双螺旋模型的建立，它本身也代表了物理学思维向生命科学的一种扩张。目前所采用的生物技术基本上都在使用物理学的方法，用的是还原论的方法，用的是拼和拆的方法。生命虽说是一个整体，但今天的生命科学仍然想尝试一下机械的方法，对它进行拼装。现在的基因重组、基因移植、基因复制，统统都是按照机械论的方案来进行的，很有效而且很有用。但是另一方面，生命技术的出现也遭遇一个很大的问题，就是会挑战我们日常的一些价值观。我们可以举几个例子来说明。像勇敢、顽强、勤奋都是很好的道德价值，可是现在突然有生命技术告诉你，说那些玩意儿可能和你是否努力没关系，可能是你基因造成的，这样一来，就瓦解了我们这些伦理价值。过去我们崇拜一个人特别勇敢，后来发现没什么可崇拜的，就是基因好。如果我能够把自己的基因改一改，我也能变得勇敢。包括基因技术在内的所谓生命扩展术，肯定会挑战一大堆我们通常所说的伦理上的东西。过去赞扬人的后天努力具有可贵的道德价值，比如说一个人笨鸟先飞，虽然笨但是很勤奋，一样可以取得很好的成就。在生命扩展技术看来，改一改笨基因就可以实现这个目标。所以一个尖锐的问题摆在人类的面前：是不是我们仅仅通过基因修补术，从广义上说，通过一切高技术，就能解决人类的所有问题。过去人类的许多道德高尚的东西还有没有用？会不会有一天，你的孩子回家哭着跟你说，我的同学基因都2.3版本了，我才1.5，赶紧花钱给我刷新吧，再不刷新，我的学习成绩不好别怪我。当然现在我们讲这个故事仍然是未雨绸缪，但它的可能性已经很清楚了。因此，我们要在发展基因技术的过程中及时地调整，及时地为这些难题的到来做准备。

信息技术也很重要。信息技术改变了人类的社会交往模式。目前由于带宽限制，很多信息交往还不能完全依赖网上。但是，如果将来带宽瓶颈一旦突破，我们完全可以想像，将来社会交往的很大一部分会在网上进行。电视、电影院、电话，都可以统一起来，都在网上进行。但是网络上的交往行为与我们传统的交往模式有很大的不同。传统的交往模式是身体出场的。脸部是一个伦理学器官，是一个道德器官。脸怎么红了，你心虚了不是，做了对不起人的事了，是不是害羞？所以说，脸是一个非常丰富的伦理学器官。我们经常说有话当面谈，因为见面就包含了一种确定性。但是网络交往一个大的问题是脸不出现，是蒙面交往。

除了面部的在场外，通常当面交往要握手，可以感受体温，可以感受对面是个活人，因为生活就是跟活人打交道。总而言之交往中要有身体出场。身体的出场对于我们交往来说很重要，因为我们交往过程中有很多是身体语言。当面说话比较容易沟通，有时不用讲几句，一个眼神就可以眉目传情。身体的缺失将会使我们的交往出现僵硬化，丧失人作为有机体的那部分信息，这一部分信息往往无法通过数码化的方式传递出去。数字化生存（been digital），必定要丧失很多信息。没有身体的介入，人性里面很多信息是要丢失的。所以我们说在信息技术时代，我们在拥抱高科技的同时也要注意如何捍卫、维系和守护人性化的那部分信息，这一部分信息最终只能靠身体的出场，只能靠面部的出场才能保持下来。

时间到了，今天我们就讲到这里。谢谢大家。

（本文根据吴国盛2010年1月30日在中央国家机关“强素质，作表率”读书活动主题讲坛上的讲座内容整理）

主讲人：叶小钢

叶小钢，1955年出生于上海。1983年毕业于中央音乐学院，1992年毕业于美国伊斯曼音乐学院，获硕士学位。1994年回国，任教于中央音乐学院，现任中央音乐学院副院长。兼任中国人民政治协商会议常务委员会委员，全国文联委员，中国音乐家协会副主席、创作委员会主任，中国电影家协会理事。创作代表作品有《最后的乐园》、《地平线》等。

音乐
——人类诗意栖息的一种方式

音乐
——人类诗意栖息的一种方式

收到"强素质，作表率"读书活动主办方的邀请，希望我为今天在座的各位做一个音乐讲座。这让我着实地紧张了一阵，因为诸位是各行业的专家领导，主导着我们社会工作和生活的诸多方面，而音乐仅仅是反映和表现社会生活的一种艺术形式，我该向你们每一个人好好学习才是。当然，恭敬不如从命，既然没有选择，非要我讲点什么，那我就想把讲座改为"沟通"，和大家在这里交流一下看法。

来之前，我做了一下功课，看了大家提出的一些建议，共有20条，每条都不尽相同，可见现在大家对音乐文化的需求呈现多元化的趋势。概括起来分为三个方面，主要是音乐审美，其次是音乐知识，再次是音乐教育。音乐知识浩如烟海，但大家可以通过阅读音乐方面的书籍获得，我就不过多涉及了。音乐教育问题只有个别人提出，我在这儿也不涉及，我们可以找个时间单独交流。在这里，我和大家重点分享一下我的音乐审美经验。

我拟定的题目是“音乐——人类诗意栖息的一种方式”，在这个题目中，破折号有两种功能，一是解释说明，二是递进，这是两种不同的解读方式，前者是我对音乐文化价值的判断，后者则内涵更加宽泛，鉴于大家对音乐审美需求的多样性，我选择后者，从基础谈起，分为二个话题，即什么是音乐？如何欣赏音乐？

一、什么是音乐

音乐，在现代汉语词典中的解释为：用有组织的乐音来表达人们思想感情、反映现实生活的一种艺术。我们用与时俱进的观点来观察，这个概念只是揭示了普通的音乐属性特点，而不是全部，存在以偏概全的问题。

（一）关于“音”

音乐中的“音”包括乐音和噪音。前面概念中说到音乐是有组织的乐音，这是不全面的。乐音是发音物体有规律地振动而产生的具有固定音高的声音。在传统乐器的诸多类别中，打击乐器是其中重要成员，比如鼓、镲、撞铃、响板、木鱼、沙锤等，均不是有固定音高的乐器，发出的是噪声，但这是烘托情绪、表现气氛、体现律动的重要音响。在现代音乐中，各种电声包括生活和自然中的音响也会采集到音乐作品中去，可能也不是乐音，同样也成为了音乐之音的构成成分。可见，用乐音的方式来解读音乐是不全面的，也是不符合事实的。

音乐之音的范围随着社会生产力的发展、提高而同步拓宽。上古时代，生活生产工具多为石制，乐器也同样是石制的，《列子·黄帝》记载，“尧使夔典乐，击石拊石，百兽率舞。”什么意思呢，就是尧授权夔为音乐总监（夔是当时首席音乐家），举行了一场由石乐伴奏的化妆舞会。百兽是定妆的造型。石头便是当时的乐器。到了农耕文明时期，随着社会生产力的提高，乐器的种类也就多样起来，共有“八音”：金、石、丝、竹、匏、土、革、木，即金属制器（如钟、镈），石制器（如磬），丝制器（如琴、瑟），竹制器（如箫、篪），匏（葫芦的一种）制器（如笙、竽），土制器（如埙、缶），皮革制器（如鼗、雷鼓），木制器（如柷、敔）。到了工业化时代，随着机械化生产程度的提高，一些精巧复杂的机械设置也运用到了乐器制造业中，其中管弦乐队中的小号、圆号等铜管乐器是典型代表。到了电子信息时代，合成器、电贝司、电大提琴等电声乐器系列也就随之出现了。可见，不同时代都会出现不同的声音，音乐之声随时代的发展而日益丰富。

上面关于音的认识带给我们的启发是：不要拘泥于一定的声音概念，而要打开“耳界”，更多关注音乐内容，以及音乐带给我们的感受。

（二）关于“乐”

传统乐制中“乐”是乐舞的统称。《乐记》中记载，“比音而乐之，及干戚羽旄，谓之乐。”什么意思？“比”，原意是两个人靠在一起，在这里实指将音按照一定的组织关系“合”在一起，然后乐之，即演奏或演唱出来。“及”是指舞蹈，“干戚”是一种古代的斧头，“羽旄”是鸟的羽毛和牦牛的尾巴，也就是说手持斧头，身饰鸟羽和牛尾舞蹈起来。这就是乐。可见，在我们先人的观念里乐舞是不分的。

我国先民还有“重声轻乐”的审美倾向，所谓“丝不如竹，竹不如肉”，就是说丝弦乐器，像二胡、琵琶、古筝的音乐不如竹，就是不如笛萧等吹管乐器；竹不如肉，那说明还是声乐最好，最能表达心声，贴切自然。这种说法也在古代典籍中记录了下来。《乐记·乐象篇》载：“诗，言其志也。歌，咏其声也。舞，动其容也。三者本于心，然后乐器从之。”这段话意思是说，诗歌是表达自己的思想志向的；歌唱，是表达情感心声的；舞蹈，是情绪激动到一定时候自然而然的表达方式，所谓，咏歌之不足，故手之舞之，足之蹈之。随后又谈到，诗歌、声乐、舞蹈都是发自内心的一种艺术表达方式，居于同等重要的地位，器乐随其后，或许也就是起个伴奏的作用罢了。南朝刘勰在其宏著《文心雕龙·声律篇》中更开宗明义地写道：“夫音律所始，本于人声者也。……故知器学人声，声非学器者也。”什么意思，就是说，音乐起源于人的声音，或者说是声乐；所以说，器乐效仿的是人声，而不是声乐效仿器乐。刘勰的这段话明确地表达了我国传统文化中“乐体在声”、重声轻乐的音乐审美取向。

传统音乐的精神实质在于“和”。大家都知道，儒家文化创始人孔子一生钟爱音乐，据《论语·述而》记载：“子在齐闻《韶》，三月不知肉味，曰：‘不图为乐之至于斯也。’”孔子在齐国听了韶乐竟然三个月都不知肉的味道，并感叹道，听这样的音乐已经让我实现了人生快乐的最高理想，可见其审美感受之深。那现在我们就来谈谈《韶》乐。《韶》是北方上古时期舜时流传的音乐，据《书经·舜典》记载，《韶》乐的特点是“直而温，宽而栗，刚而无傲。诗言志，歌永言，声依永，律和声，八音相谐，无相夺伦，神人以和。”意思是说，音乐正直而温和，宽大而谨慎，刚毅而不浮傲，歌词具有思想性，用现在的话说，就是歌词体现了社会的核心价值观念，旋律遵循着歌词的声调特点，且在五声调性范围之内，声音和谐统一，有一种无与伦比的美，达到了天人合一的境界。这首作品实际上已经体现了儒家秉持的核心思想，即为人处世要正直无私、温文尔雅、心胸宽广、认真谨慎、持之以恒，而且不浮傲。用毛泽东的话来说，就是戒骄戒躁。这对我们今天也有启发，相信能做到这几点，执政者即为好领导，因为他为天下立心，全心全意为人民服务，而且服务态度很好；执行者即为好员工，因为他做事认真，执行有力，是那种不讲条件、能够“把信送给加西亚”的劳动模范。而且体现了“兼容并蓄，和而不同”的治世理想，我们说，工作无贵贱，分工有不同，社会中人与人之间必然会存在领导和被领导的关系，工作性质也会有劳逸之别，但是每个人不管居于什么样的工作岗位都恪尽职守、认真负责，彼此之间相互理解、相互尊重，这难道不是一个和谐完美的大同世界吗？

下面请古筝演奏家演奏《林泉》，这首曲子是我创作的，大概八分钟。我作这首曲子的时候也是相对地遵循了中国古代的美学原则，就是启、承、转、合的作曲方式，和西洋音乐是不一样的。情绪是比较含蓄的，比较内在的，但是也有激情澎湃的时候，继承了传统音乐的精神实质，但是又用现代的手法发展了古筝这种乐器。现在大家听听这首乐曲。

（古筝演奏家杨雪儿演奏《林泉》）

谢谢。她是我们国家音乐比赛最高奖“金钟奖”的获得者，比赛时弹的就是这首曲子。

孔子还认为，《韶》乐具有德育教化功能，他说，“尽美矣，又尽善矣！”（《论语·八佾》）。后来的儒家经典著作《乐记》又对此进行了深入阐述，《乐象篇》记载，“德者，性之端也，乐者，德之华也！”也就是说，人之初，性本善，而音乐则能英华发于外，从而表现出来。我的这种理解可用《乐记·师乙》中的另一句话予以佐证，“夫歌者直己而陈德也”。也就是说好的音乐能够陈述德的内涵。这样一来，我们就可以理解儒家“美教化”的思想了，因为好的音乐陈德，经常欣赏好的音乐，人自然潜移默化受到教益，道德就高尚起来了。

此外，孔子还认为，音乐除了具有很高的思想性之外，还具有很高的审美价值：蕴含深情、和谐完美。古人说，情深而文明，气盛而化盛，和顺积中，英华发外。如果当今社会我们每一个人精神世界如此丰富，精神面貌如此饱满，那我们该是一个多么雄姿英发、富有生命活力、积极向上的民族啊！

传统是条河，先人在上端，我们在中间，未来在衍展。先人的智慧、先人的偏执和局限都会顺河而下，流淌到今天。儒家的许多美学思想也体现在西方诸多美学家的美学思想之中：一是和谐观念。德国启蒙文学代表人物、美学家席勒认为美能够使人性完善，并指出只有审美的趣味才能导致社会的和谐，因为它在个体身上奠定和谐；另外，文艺复兴时期，人文主义教育家夸美纽斯、十七八世纪资产阶级思想家教育家洛克、卢梭、裴斯泰洛齐等人也都相继提出了美育能使人的身心得到和谐发展的观点。二是德育观念。德国古典主义美学家康德认为，审美能够把人从履行道德义务过程中出现的至善与幸福的矛盾中解放出来，得以窥见大自然的目的性，审美比宗教信仰更有意义。他的话我是这么理解的，他可能认为审美能够过滤情绪、沉淀性情，从而让人在审美中反省到生命本源，这样，当我们受到外界功利色欲迷惑的时候，就能沉寂下来，不至于一失足成千古恨。三是移情观念。主观唯心主义者费肖尔提出“审美移情”说，他主要观点是：“美是主体把自己的感受、情感和思想注入对象使之染上主观色彩的结果，因而美根源于主体的移情活动。”关于这一点，许多学者可能对我的提法有异议，但我认为，孔子感受到的无限深情、天人合一的境界，就是他自己情感活动的写照。先人也有他们的局限之处，比如乐舞不分、重声轻乐。农耕文明时期，乐器制造业不发达，音乐创作、演奏技法不丰富，器乐音乐不发达。古人的认识还是情有可原的，可是我们今天国内大多数听众也局限于欣赏歌舞音乐、歌曲，说明我们的音乐文化普及工作还有待提高。

下面我们来听一段音乐，请大提琴演奏家朱亦兵教授为大家演奏。朱亦兵教授是中央音乐学院最优秀的大提琴教授，他在瑞士巴塞尔交响乐团当了十几年的大提琴首席，几年前毅然回到中国来任教，培养了很多很多出色的大提琴学生，在他旁边是他的学生杨一晨，也是全国大提琴比赛的冠军。今天他们两个人用音乐给我们诠释一下什么叫“和谐”，这首曲子是巴里耶尔的《小奏鸣曲》。

（大提琴演奏家朱亦兵、杨一晨演奏巴里耶尔的《小奏鸣曲》）

二、如何欣赏音乐

（一）有选择地欣赏音乐

民间有一种说法，千日管子百日笙，什么意思呢，就是说，学习乐器很简单，练习很短的时间就能掌握其演奏技巧。这个观点显然不合时宜了，因为随着两千多年音乐的发展，几乎每一种乐器都具有一套完整、复杂的演奏方法体系。要具备娴熟驾驭每一种乐器的演奏技能，演奏者都需要老师正确地指导和个人长年刻苦的练习，其原因，不仅是演奏家们在不断钻研创新各种演奏技法，还因为音乐创作技法得到了前所未有的完善和发展。所以，我们听到的音乐作品也就各类杂陈、良莠不齐了。概括而言，分为两类。一是技巧型音乐作品。二是思想型音乐作品。

技巧型的音乐作品又分为两种情况，一是作曲者基本通过运用作曲技法，理性地创作音乐作品，这有点像做数学题——先列公式再解题，这种音乐如有新的技法创新，可能具有一定的学术价值，但整体来说不具有太多审美价值，不能称之为完整的艺术作品，只是学生练笔习作；二是演奏者并不以美的创造为目的，而是仅仅运用所掌握的演奏技巧完成作品，这种音乐有太多匠气，也不能称之为很好的音乐作品。

思想型的作品也同样分为三种情况。一是思想重于技巧型，这种作品，虽然作曲者或演奏者有着很好的观念和美的意象，但是因为个人技法水平所限，不能达言尽意，也不能算是成熟的音乐作品。二是技巧重于思想型的作品，这种作品往往能表现人的一定的情绪内涵，且创作和演奏技法运用娴熟，因此，音乐具有装饰性的特点，往往作为背景音乐使用。如一些舞曲、谐谑曲等。三是思想技巧完美结合型作品，这种作品往往能反映社会文化思潮和社会文化生活，且具有完美贴切的技巧运用，这些作品可谓时代经典，具有很高的审美价值和学术价值。所以，对于一般听众而言，欣赏音乐首先要学会选择。虽然儒家经典著作《乐记》中有"凡乐者，生人心者也。情动于中，故形成声"的说法，但这也只能限于古代语境，因为当时各种音乐技法刚刚发轫，容易掌握。再说，他们也有选择，孔子还听过《大武》，他说，“尽美矣，而不尽善矣！”他听了郑国音乐，更是态度大变，说，“放郑声，远佞人。郑声淫，佞人殆。”什么意思，就是说郑国音乐淫乱，就像谄媚的小人，去一边吧，让小人去死吧！孔子听了郑声情绪是十分激愤的，竟然说出了粗口，可见其爱憎分明。当然，我对孔子的看法持保留态度，但有一点显而易见，有着深厚音乐素养的孔子，赏乐也是有选择的。怎么选择呢？我的建议是先根据自己的喜好，选择思想和技法结合型的作品而不是那些有技法无内涵的作品，当然开始时要尽量选择一些经典作品来听，然后，逐步扩展自己的选择范围。音乐不是一次性消费品，每次聆听你都会有不同的收获，特别是多听几种演绎版本，就更能帮助你提高音乐鉴赏水平。所谓“没比较，没鉴别”，就是这个意思。

我们请朱教授再为我们演奏一曲。

朱亦兵：我们接下来演奏的一首，是伟大的德国革命作曲家贝多芬的《致爱丽丝》，是他给他的学生爱丽丝写的一封音乐的情书。

（大提琴演奏家朱亦兵、杨一晨演奏贝多芬的《致爱丽丝》）

（二）一种重要的审美观念

道家的审美观点和儒家提倡的观念大相径庭，甚至相左。儒家倡乐体现了太多的社会功利性。而道家那种"彷徨乎尘埃之外，逍遥乎无为之业"的超脱功利的审美思想，有时更符合音乐的本意。音乐可以寓德，像《三大纪律八项注意》、《团结就是力量》、《黄河大合唱》都属于这样的音乐，有着鲜明的阶级立场、思想观念。更多的时候，特别是器乐曲，着意寓情、寓意。它常常会淋漓尽致地表达人类的情感或心理过程，也可能表达一定意象。前者如贝多芬的《热情奏鸣曲》，这首列宁一生最钟爱的作品，就充分表达了大革命临近时的社会心理状态，音乐内涵深刻，富有很强的艺术感染力。后者如中国古乐《春江花月夜》，就充分表现了"春江潮水连海平，海上明月共潮生"的美景画意，让人听后心宁气爽。虽然这种表现情感和意象的音乐不能给听众以明确的概念认识，但却会引导听众进行三度创作。所谓三度创作，就是指听众基于个体的综合人文素养，通过想象，对音乐信息进行个性化的选择过滤、加工提炼，从而创作个性化的审美意象，获得主观的审美感受。我认为，经常这样欣赏音乐才会更加丰富个人的情感世界，激发个人的创造思维能力。庄子为此说过一个十分精辟的论断："可以言论者，物之粗也；可以意致者，物之精也。"（《庄子·秋水》）音乐之美正在于这种可寓可意不可言之中，庄子的思想穿越千年时空，揭示了艺术之美的特质，直到今天都值得我们学习借鉴。

我们再来听一段音乐，这是意大利著名歌剧作曲家罗西尼的《柔板》。

（大提琴演奏家朱亦兵、杨一晨演奏罗西尼的《柔板》）

（三）如何欣赏音乐

关于欣赏音乐的方式许多美学家和教育家多有阐述，但大部分是从一个角度出发，阐述某种审美规律特点，正如盲人摸象，只有片面不见整体。但我认为，盲人摸象也有其合理性，如果我们将所有盲人的认知判断概括汇总起来，告诉人们大象的耳朵像扇子，四足像柱子，等等，可能就全面地揭示了事物的本来面貌。现在我把几种音乐和审美观念做一个简单汇总，形成一个欣赏音乐的方法体系，供大家参考。

一是宣德型音乐。这种音乐往往是声乐作品，歌词就是宣德的理念或某种思想观念，相比而言，乐曲不会太多强调创造技巧的复杂性，体裁形式通常是大众歌曲。这种音乐，我提倡用艺术实践的方式来感受音乐，因为作品技巧不艰涩，所以一般人都可以参与其中，因为实现了主客体的统一，演唱或演奏者既是在审美也是在被审美，而且在艺术实践中他们不仅情感参与其中，行为也参与其中，所以，会获得最深刻的审美感受。当然其他种类的音乐作品也可以通过艺术实践的方式，但需要一定的演唱和演奏技巧，所以，一般的大众欣赏只能选择聆听的方式。

二是气氛型音乐，也可称为环境音乐。这种音乐通常是器乐作品，体现人的某种情绪，如高兴、激动、平静等。在我国应用最广泛的是在某些特定仪式当中，起到烘托气氛的作用，比如颁奖、开会等。这种音乐和人的情绪变化同步，可以直接作用于人的感官，运用恰当会令人情绪高涨、心情舒畅、注意力集中、减缓疲劳。这种音乐在中国，现在往往有信号性的作用，比如，国宾、国家领导人出场的音乐，大家都很熟悉了。环境音乐在我国目前应用很不广泛，我们现在应该重点提倡，比如我们在国内餐厅就餐，充耳的要么是嘈杂说话声，要么安静得能听到水滴声，前者会让人烦躁，后者会让人紧张。大家都知道上古时期的宴乐，其实就是宴会中的环境音乐，在这一点上，我们还不如古人。我认为这种环境音乐广泛应用在我们的日常生活中，可以润饰我们的生活，让我们的工作生活变得更惬意、愉快、轻松。

三是严肃经典音乐。这是最有文化价值、审美价值、社会价值的音乐，不仅能够悦耳悦目，更能够悦志悦心。它的文化价值体现在不仅仅表现了人类的情感变化、心理活动，而且表现了社会生活、人生态度、价值观念。黑格尔称之为理性观念的感性显现。这种音乐的审美价值表现在，它能够深刻揭示复杂而充满矛盾的社会心理、人性本质，所以欣赏这种音乐能够过滤和沉寂人内心的“畏、愤、怨、侮、忧”等负面情绪（这是人产生过激行为的情绪条件），激发人的内心美感，丰富人的精神世界，促进人的心灵和谐，提升人的生存质量，以诗意的姿态栖居生活。这种音乐的社会价值体现在，人们要感受到这种意象世界、思想内涵，需要通过丰富的想象和大跨度的宏观形象思维，对以往认知的经验信息重构提炼，从而激发人潜在的创造力，体悟到人生与事物的真谛。欣赏这种音乐的方法，我们先人总结出六个字“虚静”、“体悟”、“升华”。虚静，就是欣赏者要保持内心清净，所谓“万虑洗然，深入空寂”、“心胸涤荡、湛怀息机”，从而保持一种谦恭、虔敬、和睦、静寂的心态，只有这样清除了各种负面情绪，才能够让内心虚位以待、宁静致远。我对此做点补充：人的审美状态不仅要虚静，还要保持注意力，保持感官和思维的积极状态，这样才能细细品味音乐的细腻变化和微妙的状态。体悟，就是获得一种超感性的认识，一种能动的审美体验状态。乐之外在，自省其身，觉天尽性，感悟生命的本源状态，探寻自身最根本的诉求。最后达到升华阶段，就是获得对事物、人生深刻的认识和创造性的见解。

让我们回到现场演奏。

朱亦兵：下一首曲子是西班牙作曲家阿尔班尼兹的作品《塞维利亚》，描绘西班牙塞维利亚的人们悠闲、快乐的生活。西班牙是一个载歌载舞的国家，这首曲子原曲是吉他，我们今天用大提琴来演奏。

（大提琴演奏家朱亦兵、杨一晨演奏阿尔班尼兹的《塞维利亚》）

最后，我对今天的话题做一个总结。如果说，人生是一段航程，那音乐就是要让我们从繁忙紧张无休止的公务当中适时地静下心来，给心灵的航船加点油，看一看手中地图，找到我们要去的方向，看看蓝蓝的天，让我们的生命依然诗意、释然。

你可以感受到音乐中的深邃，她其实是一个无比深邃的世界。传统音乐，犹如我们的传统文化，也有四性：稳定性，超越性，穿透性和覆盖性。精神存在和思想升化的例子非常多。听音乐，也是修学储能的一种形式。有涯之生尽量包容，填充心灵未知的空间。听音乐是一种灵魂的参与。

再次感谢今天有这样的机会发表个人的感言，讲得不好请大家批评。

（本文根据叶小钢 2010 年 2 月 27 日在中央国家机关“强素质，作表率”读书活动主题讲坛上的讲座内容整理）

主讲人：王　蒙

王蒙，1934 年 10 月生于北平（现北京），祖籍河北南皮龙堂村。少年时期即参加革命，历任共青团干部、生产大队干部、中共中央委员、文化部长、全国政协常委、全国政协文史和学习委员会主任等职。现为国务院中央文史研究馆馆员、中国作协名誉副主席。文学创作以小说为主，自 20 世纪 50 年代至今，发表各类作品多部，声誉卓著。

老庄的治国理政思想

老庄的治国理政思想

谢谢大家，感谢中央国家机关工委和新闻出版总署给我一个机会，和大家交流有关老子和庄子的“治国理政思想”这样一个话题。在正式讲之前，我先简单地说明一下。

西洋的思潮从某种意义上说带有一种性恶论的因素，它认为人是有原罪的，人是有私心的，是有竞争之心的，是好斗的，而且人的利益是会有冲突的。所以在政治上的一个基本命题叫做“多元制衡”，就是认为人会犯很多错误，但是让人们互相牵制，按照一定的法律、条文、规则、制度，维持一个谁也不能为所欲为的程度。当然，做到没做到是另外的问题。国内出过一本书，是两位在美国的中国人写的，介绍美国的政治制度和政治思想，这本书的题目就叫“总统是靠不住的”，就是你要想办法限制总统，既然总统是靠不住的，那副总统更靠不住了，什么总理、部长都是靠不住的，这是西方的一个基本的思想。

我们中国基本上是性善论，在中国起作用最大的还是以德治国，天下为有德之人居之。这样给封建君王，给封建掌权者的执政以合法性。而且这个德的标准是天，我像天一样有德，所以我是天子，我是奉天承运，我在这儿治国，治国平天下。中国强调的是这个。中国的封建社会没有“多元制衡”观念，中国强调的是一元，普天之下莫非王土，它的资源和权力是高度集中的。但是中国有一个理念的制衡，就是“德”。你虽然是皇帝，但你要有德，如果皇帝失德，就会非常危险，有可能被扣上无道昏君的帽子。要是你被扣上无道昏君的帽子你就会被颠覆，会有人造反。所以说水能载舟，亦能覆舟。

中国的平衡不是靠制衡，而是靠一种德行的自我掌控和约束。另外，靠“三十年河东，三十年河西”的纵向平衡，就是在时间的纵轴上实现平衡。这都是一些非常大的问题，我今天不可能讲清楚，我自己还没有完全学习清楚，仅仅提一下而已。你搞过分了，没人平衡你，什么时候平衡你，等你死了以后再平衡，你用的宠臣全杀头，你害的忠臣全部从监狱里放出来，官复原职。中国的平衡是一个纵轴上的平衡。在中国这种情况下，对待知识分子，对待读书人，最重要的就是儒道互补。当然中国的读书人和现代意义上的洋人喜欢说的知识分子不是一个含义，这是另外一个复杂的问题，我也不多涉及。

儒是什么意思? 儒承认人和人之间是不平等的，社会必须有秩序，有主从上下之分，有君臣父子夫妻之分。但是要给这个不平等、这个主从的关系树立一个合情合理的规范，不能胡来。父慈子孝，这个父要太不慈了，太霸道了，儿子要真急了也就不认他了。如果是明君臣就忠，如果是暴君臣也就忠不了。儒家努力树立的是这样一个规范。

老子庄子不是以德来治国，是以“道”。“道”是什么意思呢？就是自然而然地治国，以人的天性来治国。所以老子庄子这些人就嘲笑儒学，认为儒学啰里啰嗦、劳而无功，认为儒学不自然、伪饰。老子说“六亲不和有孝慈”，本来家里父母、子女、兄弟姐妹的关系很好，哪里用讲孝慈？不用讲。六亲不和才有孝慈。国家非常混乱的时候才考虑谁忠谁不忠。这是老子庄子他们对儒学的批评。

老子庄子还举了一些很可笑的例子。他们说儒学宣扬的是螳臂挡车。春秋战国时期，中央政权是东周政府，但周天子已经丧失了控制能力，真正掌权的各诸侯国君主着急的是夺权称霸，发展自己，吞并别的诸侯国。真正的诸侯，真正的掌权者对儒学的态度也就是马马虎虎的。那个时候孔子远远没有后世的地位，孔子是经常被称之为丧家之犬的。这是他自己说的，“凄凄如丧家之犬”，这不是骂人的话。当时的情况是信仰墨子的人多，信仰名家的人多，真正信仰孔子的并不多。但是孔子的这套理念后来的人们越来越认为它好，为什么好呢？

第一，对于读书人来说，儒家治国平天下是有理念的，不是光为了乌纱帽的，这个理念就是德。

第二，对于掌权者来说，孔子的这一套有助于社会实现秩序、和谐、平衡，而且不会失控。使人从心里面就明白君有君的道理，臣有臣的道理，爹有爹的道理，儿有儿的道理，夫有夫的道理，妻有妻的道理，上下尊卑都有一定的道理。所以后来儒家思想就越来越成为主流了。

庄子就嘲笑儒家说，你跑到那些君王面前，你给他宣传以德治国、以礼治国、以乐治国，君王正急着夺权呢，宣传这些这是螳臂当车。你用知识分子、读书人的那点儿礼义廉耻、仁义道德的说教，想说服有权威的人，不等于用螳螂的胳膊挡大马车吗?庄子又笑儒家这一套是敲着鼓追逃跑的人。这些人受不了你这些高调，整天讲仁义道德，整天训练他，整天说这样不对、那样不对，所以就把人吓跑了，跑了以后孔子和他的门徒还要追人家，敲着鼓追，越敲鼓人家跑得越快。

老庄他怪，他另类。但这种另类有两个作用：

首先是启发的作用。让你知道世界上的事儿还有这么想的，还有这么做的，不无道理，哪怕是片面的理。

其次有补充的作用。整天学孔子，文质彬彬，谦恭有礼，忠心不二，杀身成仁，舍身取义。这种样子有时候太累，碰到挫折的时候——君主不让你尽忠，把你废为庶人，这时候老庄的思想能起到补充的作用。

上面是我讲的一点前言。

下面我主要是从几个问题上谈谈老庄他们在治国理政方面的一些思想。

第一个思想我称之为“无主题治国”，“无为”的“无主题治国”。老子庄子他们都主张“清静无为”。他这个“无为”我先要说明白，主要是针对诸侯、君王、大臣，还有士人讲的，不是说让老百姓无为。老百姓该种地的种地，该做生意的做生意，该盖房子的盖房子，他很赞成。他说的“无为”不是说什么都别干，主要是说掌权的人不要先给自己立一个主题。庄子的意思是“不要刻意为之”。什么是“刻意”呢？我想来想去最适合解释的词就是“处心积虑”。就是办什么事儿都应该走着瞧，别处心积虑的。事情还没办呢，就一定要如何如何，事先都规定好了，这就是主观主义。这种情况之下就会和老百姓发生矛盾。所以为政不要先确定主题。

我的本业是写小说的。我们写小说的人过去喜欢说一个词叫“主题先行”，这个“主题先行”是文革期间于会泳他们提出来的，创作文学作品先得有主题，后来这些大家又嘲笑“主题先行”。还有一个词叫“直奔主题”，写文章一开始就冲着主题去了，不会是什么好文章。老子的说法是什么呢？叫做“圣人无常心，以百姓之心为心”。常心就是不变的，永恒不变的，圣人没有永恒不变的看法，一切跟着老百姓走。他又说：“天之道其犹张弓欤，高者仰之，下者举之，有余者损之，不足者补之。天之道损有余以补不足，人之道损不足而奉有余”。他说无论办什么事儿都要符合天道，天道就跟拉弓一样。他说拉弓就是这样，高的地方要往下压一压，低的地方往上举一举，劲使得不匀的地方你调整一下，这就是天道。他这个意思也是不要刻意为之。

老子还有一些说法，他说执政的人头脑不要太复杂，老百姓住在那儿别给他捣乱，别逗他玩儿，“无厌使食，无厌其生”，别找他的麻烦。这个“厌”在古文里就是现在的讨厌的意思，也可以当施加压力的“压”讲。

“无厌其生”，打鱼的你让他打鱼，卖唱的你得让他卖唱，做豆腐的你让他做豆腐，你别捣乱，用咱们现在的语言来说就是别折腾。我们不希望老百姓折腾，老百姓能把政府折腾得心慌意乱；政府也别折腾老百姓，人家该干什么就让人家干什么。“夫唯不厌，是以不厌”，就是掌权的人不给老百姓添乱，不扰民，所以老百姓也就不会给你添乱。这种思想也是老子的乌托邦。他认为最好的领导，最好的权力运作是根本就不运作，用不着运用权力，该干嘛干嘛，这是一种乌托邦思想。但不是无政府主义的乌托邦，而是无运作的乌托邦。但是他讲的这个道理又有点儿道理。“圣人无常心，以百姓之心为心。”“无狎其所居，无厌其所生。夫唯不厌，是以不厌。”这些话很有道理，您别以为这些话很虚、不联系实际，它联系实际。

比如今天掌权的一个人，或者说一个在国家公务方面占有一定的位置的人，他也仍然面临一个问题：很容易以创造政绩作为刻意追求的目标。很简单，既然接受了这个任务，就必须得有政绩。没有政绩，怎么接受考核，怎么提拔，还升得上去吗，怎么防止对立面的批评、攻击？所以一定要有政绩。那么，你究竟是把政绩放在前面还是把人民的利益放在前面？要把“民心”放在前面，这就是老子所说的“圣人无常心，以百姓之心为心”的含义。

庄子喜欢举一个例子，庄子说，你用儒家的那一套，就是我前面所说的刻意地去治理天下，他说是“欺德也”，你侵犯了大道的功能。他说治国的人不需要涉海凿河，那儿本来是大海，你跳到海底下再凿一条运河，这么做有什么意义呢？他喜欢举一些极端的例子——庄子是文学家，文学家都喜欢夸张，不夸张就不生动，尤其是在春秋战国的时候百家争鸣，不夸张的话谁注意他呀？庄子还说"鸟高飞以避矰弋之害"，鸟都知道高飞躲避短箭。"鼷鼠深穴乎神丘之下以避熏凿之患"，老鼠要想安全就要往深处躲。庄子的意思是老百姓什么事儿能干，什么事儿不能干，自己知道，老百姓都很聪明。不能偷东西，不能杀人，百姓知道这些事不能干。该干的事、不该干的事，有利的事、有害的事，老百姓都很清楚，你儒家就不要再啰嗦了，你不要对老百姓耳提面命，一天训八回谁受得了？这是庄子打的一个比方。

历史上的亡国之君有一类是彻底昏聩的，但是不是像历史上记载的昏聩得那么彻底，我还有疑问。因为历史是胜利者的历史，大部分亡国之君都只挨骂，说他好话的人非常少。为什么我说这个话呢？庄子最明显，他无数次地提出来，他说汤尧夏桀，各有各的思路，各有各的是非，他们在历史上只不过是一瞬间，究竟谁是谁非，说不清楚。我小时候学历史，书上就说，一个夏桀、一个商纣、一个妲己、一个褒姒，都坏得不得了。鲁迅就曾经怀疑过，夏桀商纣都是被女人给害了，女人能管多少事儿？这是另外的问题。

但是还有一种亡国之君，他们是非常辛苦的，是非常勤政的，是事必躬亲的，是极其有为的，比如崇祯皇帝朱由检，他辛苦得不得了，而且他不许外戚参与政事。他又多疑，不放心，他对谁都不放心。这样的勤政皇帝由于刻意有为最后也造成了自己的失败。这样的例子也多得很。

我再补充一句，老子和庄子所提倡的“无为而治”，“无主题而治”，多少有一点“小政府大社会”思想的萌芽。就是政府做的事儿有限，你尽量让老百姓按照他自己的天性，按照他自己的利益追求做事，略加引导即可。他的说法就算是乌托邦也罢，能给我们作为参考。

“无为”的思想除了无主题治国以外，还有一个想法也挺好。《庄子》里讲得比较清楚，就是“上无为，下有为”。“上必无为而用天下，下必有为而天下用，此不易之道也。”意思就是说你的权力越大，你的地位越高，你的官越大，你不说话，少做事，少折腾，你让底下干。这种情况下，“无为而用天下”，就是你没有说很多话，你也没有下多少命令，但是天下都听你的。那么“下”呢?“有为而天下用”。下边的，对不起了，到了部以下了，司局以下了，老老实实给我干活去。你从早到晚该加班加点就加班加点，你为我所用就是为天下所用，为国家所用。

老庄那个时期的书写得比较简单，那时候是刻在竹子上的，如果那个时候有网络的话，《老子》起码要有八百万字，《庄子》有四千万字。所以老子的很多话只是点到为止。那么今天我们讲他的话，也不是说让大家简单地照搬。是希望引发大家去琢磨其中的智慧。所谓“上无为而下有为”，你们琢磨琢磨，它是一个非常精明的说法。

从“上无为下有为”这个话里我还想到西方管理上的一个观

念，就是纵向分权。就是说权不但有横向的分，即不同的部门、不同的地区分别由相应的部门、单位负责，这是横向的分权。还有纵向的分权，简单地说部长有部长的权，局长有局长的权，处长有处长的权，别互相掺和。我在文化部也体会到，上下级是各有分工。比如分房子的时候，我也接到过别人批的条子，但我都一律转给有关的司局，我没有批过任何一个人的住房。如果我要管分房子的话，我就别管文化事业了。所以这有一个纵向分权的思想。

"无为"里面还有一层意思。庄子说："闻在宥天下，不闻治天下也。在之也者，恐天下之淫其行也；宥之也者，恐天下之迁其德也。天下不淫其性，不迁其德，有治天下者哉?"什么意思呢? 这又和现代的法治思想有关，当然这是西方的观念。我们不能照搬，但是我们可以参考，我们可以把它当一个学术问题来讨论。国家法律的主要作用在于防止你干坏事，而不是带着你组织你干好事，因为这个好事每个人的要求不同。庄子的话恰恰是这个意思。为什么掌权者必须保持这个权力的存在，为的是"恐天下之淫其性也"、"恐天下之迁其德也"。"淫其性"是什么意思?就是失控。"迁其德"是什么意思呢? 就是德行的偏差。就是说我必须宥这个权力，我必须保持我这个权力的存在，而不能让社会失控，让社会道德混乱。在古代中国有这种思想观念也挺有意思的。

还有一种观点很有意思。老子很早就提出来，说"天下皆知美之为美，斯恶矣，皆知善之为善，斯不善矣"。都知道美反倒糟了，都知道善反倒不善了。为什么会这样，你从理论上怎么想也想不清楚。有一次我和金融界的朋友谈这个话题，金融界的朋友说这话太棒了，因为他有这个经验，如果谁都知道哪个股票最好，都去买那个股票，一下子这个股票上涨30倍。股价上涨30倍，你还买，买完了以后泡沫破灭，最后把你套牢。他说搞股票千万不要“皆知美之为美”，都往一个地方凑会害了自己。

第二方面，老子和庄子还主张权力的运作要和老百姓保持一点距离。老子提出一个很有趣的思想，首先是“太上，知其有之”。“太上”就是最佳，是说最佳的状况是老百姓知道有这么一个国君，也有朝廷，这就够了。谁是国王，跟我没关系。谁也不妨碍谁的事儿，老子认为这是最好的状态。其次，“亲之誉之”。最值得人掂量的就是这四个字。“亲之誉之”怎么会成了二等？老百姓一见着你说你真英明，你是我们永远的榜样，我们一见你就热泪盈眶，这不是很好吗？“亲之誉之”的结果就建立了一种高调的权力运作的关系。你不但是一个有效率的权力，而且是精神的导师，是德行的代表。这种高调的运作有极大的动员力，但也容易引起过高的期望值。过高的期望值就会引起失望。儒学是很好的学问，现在读《论语》会发现孔夫子真是一个非常通情达理之人。为什么儒学到后来，尤其到了五四时期被人家骂成那个样子呢？就是因为他说得太好了，但做不到。

所以说，权力和百姓的关系“知其有之”就行了，各有各该干的事，不要弄得太漂亮，不要“亲之誉之”。“亲之誉之”后面是“其次畏之”，是说要让人怕这个权力。老子他也很实在，一点儿不畏是不行的。你说开汽车的人有几个热爱交通警的，但是他得“畏之”。

这种“知其有之”的说法，使我想到了近现代的一个观念，“虚君共和”。现在世界上有相当数量的国家的国家元首是虚的，没有实权的，但是它又是不可更迭的，不可改变的。比如说英国女王、日本天皇、荷兰女王，还有瑞典丹麦也都是君主立宪制的王国。1987 年我去泰国进行访问，和泰国的教育部长聊天，他说：“我们泰国的制度有一个好处就是谁也别争第一把手，第一把手是国王，你乱不起来，最后是国王说了算，平常什么也不管，他只管人道主义事业。”当然泰国也有泰国的问题，现在我们也看到了，但这是另外的问题。这是君主制国家的情况。

非君主制国家也有这种思路。比如说德国总理是默克尔，它的总统是谁你们说得清楚吗？反正我不知道是谁。以色列也是这样一种情况。所以它也是一种虚君共和、虚位共和，也是在权力使用上的一种平衡方法。这些方法我们显然不能照搬，但是我们应该知道世界上对治国理政，对权力运作，对权力的转移交接有各种各样的思路。我们多知道点儿没害处。

第三方面，老子和庄子他们都主张低调治国，当然这是我概括出来的。老子有一句有名的话，说“知其雄，守其雌”。就是我知道该怎么样才能牛，但是“守其雌”，我表现出来的形象不是一个牛气冲天的形象，而是普普通通的，是温柔、低调、和善、平和的形象。“为天下溪”，就好像地下流的小溪一样，不是洪水滔滔，不是泰山巍峨，也不是青松入云，只是一条小溪流。

“知其白，守其黑，为天下式”，成为一句名言，它也曾打动了黑格尔。“知其白，守其黑”就是什么事儿我都很明白，但是我千万不要摆出一副我什么都明白的样子。这是在招人讨厌呢。而是应该把自己摆在一个难得糊涂的位置，把自己摆在一个韬光养晦的位置，但同时我要尽量地知道世界上的各种说法。

当然这个“知其白，守其黑”，老子解释得不详细，后来有人就说这里有阴谋的味道，说老子是阴谋家，朱熹就说过“老子之心最毒”。我个人并不认为是这样，我认为用鲁迅最爱引用的俄国作家克雷洛夫的一句话，可以帮助我们理解：“鹰可以和鸡飞得一样低，但是鸡不能像鹰飞得一样高”。老子本意是考虑世界的本源，他考虑万物运作的规律，他考虑天下的大事，他要考虑怎么样结束老百姓的灾难。所以他主张的治国应该把自己放在一个下位。

老子说：“上善若水，水善利万物而不争，处众人之所恶，故几于道矣。”他认为这是水的本性。水不争，碰到拦的地方它就拐弯，碰到低的地方就流，所以李零教授关于老子的一本书就叫做《人往低处走》。我们常说人往高处走，水往低处流。老子说先往低处走，更提倡谦让，提倡节俭，甚至提倡后退。所以他以水作例子。作为文学的一个理念来说，“上善若水”这四个字非常好，非常美。谁不喜欢水啊？生命离不开水的，水确实是居善地、亲善缘，都是跟善在一起的。

老子讲“大国者下流”，“大者宜为下”。就是权力越大，地位越高，越应该把自己放在下边，不要高高在上，不要盛气凌人，不要以大压小。这种非常东方式的观念是有它的参考价值的。这里面有一些精兵简政的味道，就是能不能把复杂的事情简单化，这是一个功夫。求学即是这个道理，一方面要复杂化，要扩充知识，另一方面在充实的过程中又要概括、提炼，要把它简单化。为政也是一样，复杂化是一个本事，简单化更是一个本事。所以老子希望治国理政做得越简单越好，当然这里有很多乌托邦的成分。老子还有很多类似的说法，比如"其在民上也，以言下之"，想统治老百姓，必须先向老百姓学习。"在民前也，以身后之"，想领导老百姓做一件什么事，应该先跟上老百姓，看看老百姓现在关心什么。

老子还有一个说法，说"我有三宝，一曰慈，二曰俭，三曰不敢为天下先"。这话我们今天听着是不能接受的，尤其是"不敢为天下先"，因为我们现在提倡的是要"敢为天下先"。但是老子这个说法有他的道理，我们也姑且作为一个参考。

"一曰慈"，就是说要保持善意，尤其是要对老百姓保持善意，体恤民情，体恤民艰。"二曰俭"，俭的意思不是指现在理解的物质方面的节约，而是说要给自己留下选择和行动的空间，不要把什么招都用上。按老子的想法，招多，可以留着，别一下子全都用出来。就是要"蓄"，老子还说过"蓄其德"，就是说要积蓄你的德行，要积蓄你的智慧。"不敢为天下先"，是老子针对当时的情况有感而发的。当时因为各个诸侯国都在那儿闹腾，个个都想吞掉别的国家。而且百家争鸣，苏秦有苏秦的一套，张仪有张仪的一套，荀子有荀子的一套，韩非有韩非的一套，李斯有李斯的一套，各种思想都有。老子认为折腾不好，所以说“不敢为天下先”。

最后我再讲一下老子“治大国若烹小鲜”的思想。“治大国若烹小鲜，以道莅天下，其鬼不神。”这是老子《道德经》当中最神奇、最美丽、最充满魅力的一句话。“小鲜”就是小鱼。老子认为治大国就跟熬小鱼一样。其实不光老子有这个说法，法家的韩非子把这个道理用到权力斗争上，也说“烹小鲜而数挠之，则贼其泽；治大国而数变法，则民苦之。是以有道之君贵静，不重变法。故曰：治大国者若烹小鲜。”挠是什么？就是别老抓挠小鱼，小鱼本来用水一煮已经烂了，你再一抓它就变成烂泥了。

后来隐士河上公解释这句话说：“烹小鲜不去肠，不去鳞，不敢挠，恐其糜也。”河上公说“治国烦则下乱”，就是你治国治得非常繁琐就会引起混乱，所以不要繁琐，不要折腾。他的解释非常权威，但是这件事情你解释得太清楚了它煞风景。“治大国如烹小鲜”，这句话多漂亮啊，你懂不懂都没关系，用北京的话形容就是“它帅啊”。治大国你怎么治？跟熬小鱼差不多，但我不告诉你我怎么熬法。它让人感觉到举重若轻，举止有定，胸有成竹，自有把握，不急不躁，不温不火。可是像河上公的解释呢，“不去肠，不去鳞，不敢挠”，太具体了，变成大众的烹调手册了。

中国的很多古书，你解释得太细致、太多就会煞风景，本来模模糊糊的美得不得了。我跟大家说说这一辈子读书方面最痛苦的事之一。我从小最喜欢白居易的一首词，“花非花，雾非雾。

夜半来，天明去。来如春梦几多时？去似朝云无觅处。”这首词太棒了，黄自先生还给它配了一首曲子。可是有一年，大概在十五年以前，我在《新民晚报》上看到一篇文章说这是个诗谜，作者说我们家的保姆特别聪明，当她看到“花非花，雾非雾”这首词之后，立即说这是一个谜语。谜底就是冬天玻璃上的霜花。她把白居易这首词解释成一个谜语，而且给了科学的靠得住的解释。看完以后我几乎寻了短见。这么伟大的一首词被咱们一位天才的保姆给解释成了谜语了！我今天也是在这儿给大家谈谈对老子庄子思想的一些理解，我希望不给大家一个聪明的保姆的那种印象。谢谢大家。

（本文根据王蒙2010年3月27日在中央国家机关“强素质，作表率”读书活动主题讲坛上的讲座内容整理）

后　记

又到了草长莺飞、春暖花开的四月。

去年的这个时候，中央国家机关“强素质，作表率”读书活动刚刚举办了启动仪式，仿佛一转眼间，它已经迎来了自己的第一个周年纪念。

在这一年里，中央国家机关“强素质，作表率”读书活动向大家推荐了45本优秀图书，组织了11场主题讲坛。

在这一年里，中央国家机关“强素质，作表率”读书活动取得了极大的成功，在中央国家机关广大党员干部中形成了浓厚的读书风气，大家热情读书、踊跃荐书；主题讲坛听众人数不断增加，讲坛现场座无虚席；新华社、《人民日报》、《光明日报》、中央电视台等各大媒体重点报道，读书活动的社会影响越来越大，知名度越来越高，已经初步确立了自己的品牌地位。

在我们整理这本书稿时，过去一年里为读书活动忙碌的日日夜夜、点点滴滴又再次涌上心头。

忘不了各级领导的高度重视和亲切关怀，没有他们的悉心指导和严格把关，就不可能有读书活动今天的成绩。

忘不了主办单位、承办单位和协办单位的积极工作和高效运作。他们分工有序，精诚合作，付出了大量的人力、物力，使读书活动人气旺盛、声名远播。

忘不了各位讲坛嘉宾对读书活动的大力支持，这些各领域的一流专家学者，他们的精心准备和出色表现，成就了读书活动的精彩时刻。

忘不了广大听众的热心和热情，他们不仅荐书、读书，而且在周末踊跃参加主题讲坛，他们的积极参与和热烈反应，是读书活动最大的收获。

忘不了对读书活动给予支持的各出版机构和社会企业，他们免费或低价提供样书、样刊、读书卡，为读书活动增添了资源和光彩。

《周年读本》，既是读书活动主题讲坛一年来精彩演讲的记录，也是所有支持、参与、帮助读书活动的人们所付出的努力与心血的见证。在《周年读本》付梓之际，谨向大家表示衷心的感谢。

由于时间仓促，本书中尚存有诸多不足之处，敬希各位读者批评、指正。

编　者

2010 年 4 月